新能源汽车售后服务管理

主　编　刘付金文　陈晓清
副主编　廖彩萍　郑松青　郝　隆
参　编　康利辉　黄旭有

北京理工大学出版社
BEIJING INSTITUTE OF TECHNOLOGY PRESS

内 容 提 要

在新时代，人才市场与企业提出了新的需求，职业教育的人才培养也应随之变化，结合新能源汽车技术发展和服务发展的新趋势、新特点，我们组织专业教师和企业专家成立了课程研发小组，共同编写了这本教材。

本书包括3个学习情境共8个学习任务，分别介绍了保养车辆的接待与管理、故障车辆接待与管理，以及事故车辆接待与管理，囊括了新能源汽车售后服务的主要内容。本书以常见车型（吉利帝豪EV450）为主要载体，以传统燃油车、混动汽车和其他纯电动车为对比，注重理实一体、案例解析导入，实用性强、贴合企业工作实际。

本书可作为职业院校新能源汽车、汽车维修、汽车营销等相关专业的教学用书，还可以作为汽车企业的培训资料，也适用于汽车快修连锁店、汽车美容店经营管理参考。

版权专有 侵权必究

图书在版编目（CIP）数据

新能源汽车售后服务管理 / 刘付金文，陈晓清主编. -- 北京：北京理工大学出版社，2021.10

ISBN 978-7-5763-0447-3

Ⅰ.①新… Ⅱ.①刘… ②陈… Ⅲ.①新能源 - 汽车 - 售后服务 - 职业教育 - 教材 Ⅳ.①F407.471.5

中国版本图书馆CIP数据核字（2021）第201627号

出版发行 /	北京理工大学出版社有限责任公司
社　　址 /	北京市海淀区中关村南大街5号
邮　　编 /	100081
电　　话 /	（010）68914775（总编室）
	（010）82562903（教材售后服务热线）
	（010）68944723（其他图书服务热线）
网　　址 /	http://www.bitpress.com.cn
经　　销 /	全国各地新华书店
印　　刷 /	定州市新华印刷有限公司
开　　本 /	889毫米 × 1194毫米　1/16
印　　张 /	12
字　　数 /	243千字
版　　次 /	2021年10月第1版　2021年10月第1次印刷
定　　价 /	41.00元

责任编辑 / 陆世立
文案编辑 / 陆世立
责任校对 / 周瑞红
责任印制 / 边心超

图书出现印装质量问题，请拨打售后服务热线，本社负责调换

前言

随着新能源汽车技术的快速发展和国家政策扶持力度的增大，新能源汽车行业产业发展迅猛，产销量大幅增长，新能源汽车的生产制造与售后服务人员需求必将逐步增加，职业教育必将承担起新能源汽车前后市场技术技能人才的培养重任。

近年来，各职业院校根据市场需求，相继开设或准备开设新能源汽车技术相关专业。新能源汽车涉及很多全新的技术领域，目前市场上关于混合动力汽车、纯电动汽车维修方面的书籍较少，尤其是针对职业院校开展常规教学任务的书籍就更少，较多的都是关于理论研究的。为了让更多人，特别是使用和维修新能源汽车的售后服务人员，对新能源汽车有更深入的了解，由广东省新能源汽车产业协会、广州市新能源校企合作协会统筹，协会内几十家新能源汽车相关企业专家和职业院校专业核心骨干教师及一线汽车品牌主机厂新能源汽车工程师等人员共同参与，以新能源汽车厂家作业规范为实操标准，编写了这套职业教育新能源汽车专业教材。

编写特点

本丛书根据国家最新的专业目录进行编写，主要面向职业院校新能源汽车专业核心专业课程，可以满足中等职业学校"新能源汽车运用与维修"、高等职业学校"新能源汽车技术""新能源汽车检测与维修技术"等专业的教学基本需要。全套书按照新能源汽车结构及专业教学实施规律编写，共12本，包含了新能源汽车专业技术主干课程学习领域：《新能源汽车概论》《新能源汽车电力电子技术》《新能源汽车高压安全与防护》《新能源汽车售后服务管理》《新能源汽车电池及管理系统检修》《新能源汽车电机及控制系统检修》《新能源汽车底盘检修》《新能源汽车电气技术》等。

本套教材的内容编写具有以下特点。

1. 该套教材具有浓厚的行业和职业特色

这是一套由新能源相关"行业、企业和院校"三位一体编写的全系列新能源汽车专业教材。由广东省新能源汽车产业协会会长担任编委会主任，在选题调研和定稿中，过程严谨，三方取长补短，汇集2个省市协会、8家著名企业、22所汽车专业骨干校（包括本科、高职、技师学院和中职院校）三方面的力量和优质资源进行编写。例如广东省新能源汽车产业协会、广州市新能源校企合作协会、东风日产、欧纬德智能科技（广州）有限公司、广州轩宇教育科技发展有限公司、华南农业大学、广东轻工职业技术学院、湖南汽车工程职业技术学院、佛山职业技术学院、广东番禺职业技术学院、广州工贸技师学院等。很多案例和技术来自一线的生产，技术成熟，具有独特的教学特色。

2. "基于工作过程"的一体化开发理念

在对新能源汽车技术技能人才岗位调研的基础上，分析岗位典型工作任务，提炼代表性行动领域，构建了工作过程系统化的课程体系。由企业真实的案例引入教学任务，学习任务更加贴近新能源汽车维修企业实际工作及职业教育的特点。

3. "立体化"的教材资源整合

本套教材不仅具有传统教材的优点，还加入了互联网教学应用资源，嵌入相应的任务实施工作任务，辅助以大量的视频资源二维码及任务实施的指导视频二维码，让整套教材更加立体化，更加方便院校师生、企业售后人员学习。

4. 企业院校的适用性强

本套教材以国内最大的自主品牌吉利和比亚迪汽车为主体，横向对比国内主流新能源汽车相关厂家，如北汽、特斯拉等相关车型的共性和差异，解决了品牌地域性问题。

5. 更加丰富的资源配套

本套教材配套工作页、课件、教学微课、项目测试题、教学资源库等资源，围绕"教、学、考、培、互联网+"的五位一体教学模式开发配套。可以说，解决了教师们开展现代化教学的大部分痛点，教学理念先进，适合现代职业教育和培训的多面需要。

使用建议及编写情况

本教材适用于中（高）等职业院校汽车专业师生。

本教材由刘付金文、陈晓清担任主编，由廖彩萍、郑松青、郝隆担任副主编，由康利辉、黄旭有任参编。在编写过程中，欧纬德智能科技（广州）有限公司提供了大量的设备支持和技术支持，广州轩宇教育科技发展有限公司提供微课拍摄、后期制作等技术支持，在此表示衷心的感谢。编写过程中参考了大量国内外相关著作和文献资料，在此一并向相关作者表示感谢。

由于编者水平有限，书中难免有错漏之处，敬请读者批评指正。

编　者

目录

学习情境一　保养车辆的接待与管理 1

 任务 1　预约服务 2

 任务 2　客户接待 16

  任务 2.1　非预约客户接待 17

  任务 2.2　预约客户接待 24

  任务 2.3　制单服务 30

  任务 2.4　休息引导 38

 任务 3　修后交车 42

  任务 3.1　追加服务 43

  任务 3.2　交车准备 48

  任务 3.3　交车结算 53

 任务 4　客户关怀 57

  任务 4.1　客户关怀 58

  任务 4.2　客户投诉处理 63

学习情境二　故障车辆接待与管理 70

 任务 1　维修车辆接待 71

 任务 2　保修车辆接待 80

学习情境三　事故车辆接待与管理 ……………………………………… 87

任务 1　简易事故车辆接待 …………………………………………… 88
任务 2　双方事故车辆接待 …………………………………………… 98

参考文献 ………………………………………………………………… 106

学习情境一

保养车辆的接待与管理

情境描述

保养车辆的接待与管理是指汽车售后服务顾问对来店维护保养的车辆及客户进行接待与管理：一方面，制定车辆维护保养方案，并监控车辆的维护保养过程和质量；另一方面，对客户进行休息引导，客户关怀。由于车辆状况不同、客户需求不同，导致车辆维护保养方案也不一样，售后服务过程中要针对不同客户、不同车辆制定不同的维护保养接待方案。汽车售后服务顾问根据不同客户、不同车辆制定不同维护保养方案，完成预约、接待、咨询、休息引导、车辆维修、质量监控、修后交车、跟踪服务等工作任务。在接待服务过程中，需要严格遵守企业售后服务标准和行业规定，并落实企业"9S"管理规定。

情境目标

1. 能介绍汽车维护保养接待的工作流程及行动要点。
2. 能介绍汽车保养周期、保养项目及操作过程。
3. 能规范填写预约服务登记表、接车问诊单、制作委托维修估价单、派工单、车辆维修结算单。
4. 能根据车辆状况和客户需求制定并推荐合理的维护保养接待方案。
5. 能按照汽车服务企业"9S"要求管理工作现场，具有严谨的工作态度和良好的服务意识，能充分贯彻执行汽车维护保养接待标准，提升客户的满意度。

任务 1 预约服务

任务目标

1. 能介绍汽车保养周期及保养项目。
2. 能介绍预约服务的工作流程及行动要点。
3. 能规范填写预约工单及预约看板。
4. 能与客户进行有效沟通，获取客户信息，了解客户需求，根据预约流程要求完成预约工作任务。

任务导入

一辆 2018 款吉利帝豪 EV450 纯电动汽车，行驶里程 63 000 公里左右，客户致电预约保养，客户期望：客户认为上午 10 点钟到店比较方便；希望价格能够优惠些；客户从来没有预约到店过，不了解我们的预约政策，上次到店保养等了很久；上周车辆底盘有剐蹭，希望能仔细检查底盘。作为汽车售后服务顾问（预约专员）的你应该如何处理？

知识链接

一、汽车售后服务认知

1. 汽车售后服务组织机构及职能

售后服务是产品售出后，生产企业为保证产品能够正常使用而向用户提供的各方面的服务。汽车是靠运动实现其功能的，各零部件在使用中不可避免地要产生磨损和老化，使用的特殊性也就决定了汽车售后服务的特殊性。随着汽车消费竞争日益趋向白热化和消费者的不断成熟，汽车售后服务战最终会取代价格战。售后服务质量是企业发展和生存的保证。售后服务的重要性在汽车营销中体现得淋漓尽致。

汽车售后服务组织机构因品牌、公司性质、规模等不同而有所区别，但主要岗位和职能都大同小异，见图1-1-1。

汽车售后服务主要职能有：新车售前检查（PDI）；车辆的维修、保养；理赔业务管理；顾客关系管理。

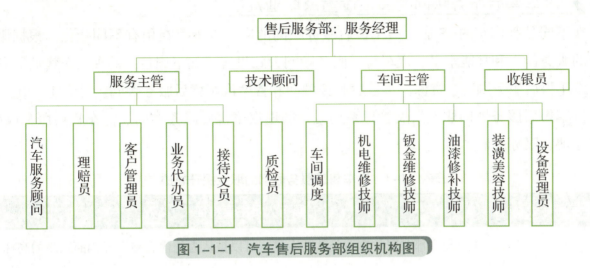

图1-1-1 汽车售后服务部组织机构图

2. 汽车售后服务顾问岗位职责

汽车售后服务顾问（SA）的主要职责有以下几个方面。

（1）引导、受理用户预约工作。

（2）负责预约准备工作的落实。

（3）负责维修车辆用户的登记、接待工作。

（4）负责客户来店维修时的各部门协调。

（5）负责用户车辆的故障诊断。

（6）向车间主管下达维修派工单。

（7）负责客户委托书的签订。

（8）积极处理客户抱怨。

（9）完成领导交办的其他任务。

3. 汽车售后服务顾问的职业准则与职业道德规范

职业准则是从事一定职业的人长期在职业生活中工作必须遵守的规则。汽车售后服务顾问的职业准则是：准点准时；言而有信；以客户为中心；以同事为客户；理解第一；忍让为先；微笑服务。

汽车售后服务顾问的职业道德规范包括：真诚待客；服务周到；收费合理；质量保障。

4. 汽车售后服务顾问的主要任职条件

（1）有较丰富的汽车构造及汽车维修知识。

（2）具备良好的语言表达能力与沟通能力。

（3）熟悉计算机基本操作，并熟练运用汽车维修管理软件。

（4）熟悉汽车驾驶，有驾驶执照。

5. 汽车售后服务顾问的岗位设置及职业发展

在不同品牌汽车的4S店，汽车售后服务顾问的岗位设置存在稍有不同变化。根据服务人员的服务能力和技能水平，汽车售后服务顾问大致设置为如下岗位：助理汽车售后服务顾问、汽车售后服务顾问、资深汽车售后服务顾问和首席汽车售后服务顾问。见表1-1-1。

汽车售后服务顾问职业发展管理系列是：助理汽车售后服务顾问、汽车售后服务顾问、服务经理、服务总监。

表1-1-1 汽车售后服务顾问的职业提升轨迹

专业序列等级	服务人员主要特征
首席汽车售后服务顾问	（1）公司内部在服务方面公认的专家，可以被认为是代表整个经销商网络的高标准水平。 （2）在服务营销、客户沟通、客户关系管理、维修技能、产品知识等各方面，均具有广泛而深入的知识。 （3）能够全面协调服务及公司资源并解决重大服务维修问题。 （4）能够开发和指引本经销商在服务领域的技术发展方向。 （5）需具备6~7年以上的汽车服务经验
资深汽车售后服务顾问	（1）在服务的一个或者几个领域的资深专家。 （2）能够向普通服务人员提供多方面的指导。 （3）能够带领本小组解决本领域复杂而困难的问题，并能够协调其他小组的资源。 （4）需具备3~5年以上的汽车服务经验
汽车售后服务顾问	（1）掌握服务的基本技能和能力。 （2）能够独立进行接车的全面诊断，并能够解决一般的汽车维修问题。 （3）具备基本的管理技能，并能够独立领导维修小组开展工作。 （4）需具备1年以上的汽车服务经验
助理汽车售后服务顾问	（1）对服务所需的工作指示有初步的了解。 （2）需具备1年以上的汽车维修经验，能够进行接车的初步诊断，并能够解决初步的汽车维修问题。 （3）需要在顾问或资深顾问的指导下开展工作

6. 汽车售后服务核心流程

汽车售后服务流程各品牌、各企业归纳总结都有所差别，如丰田公司七步法、日产的十大流程等，但其主要工作任务大致相同。见图1-1-2和图1-1-3。

图1-1-2 汽车售后服务流程图

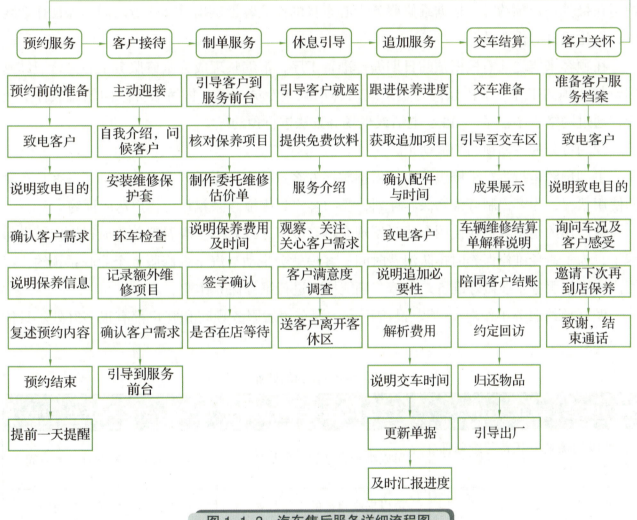

图1-1-3 汽车售后服务详细流程图

二、新能源汽车保养认知

在车辆行驶的过程中，许多零部件处于非常苛刻的运转环境，如高温、高速、多尘、颠簸的路面等。一些零部件经常高速运转，不断地磨损；一些零部件会不经意损坏，这就需要及时进行检查、调整或更换。

定期保养主要以检查和调整为主，定期检查和调整动力系统、冷却系统、空调系统、制动系统、转向系统等项目。通过定期的检查调整和更换，可以及时发现并解决存在的隐患及故障，以避免更大故障的发生。

三、预约服务认知

1. 预约概念

预约服务是汽车维修服务流程的首个环节，是一个为顾客提供好的售后服务的机会。预约是在接受用户预约时，根据维修服务中心本身的作业容量定出具体作业时间，保证作业效率，均化每日的作业量。

在顾客来店之前需根据预约日期编排准备工序，汇编整理成为维修服务中心经营业绩基础资料。预约工作一般由预约专员（或由客户服务专员、汽车售后服务顾问轮流兼任）负责，通过网络、小程序、APP、电话或现场等方法进行预约。

预约可分为主动预约和被动预约。

主动预约是指汽车维修服务企业根据掌握的客户档案，主动与客户联系，了解客户车辆的使用状况，为客户制订维修保养计划，邀约客户到店维修保养并与客户达成预约。

被动预约是指客户在使用车辆时发现车辆有故障，或者车主查看保养手册得知应该做保养了，为了避免维修保养时排队浪费时间，客户就会主动与汽车维修服务企业联系预约，以便汽车维修服务企业做好准备，保障车辆能按时进行维修保养作业。

做好预约服务工作对4S店、品牌厂家、汽车售后服务顾问和客户都有很多好处。具体好处见表1-1-2。

表1-1-2 预约的好处

对4S店、品牌厂家的好处	对汽车售后服务顾问的好处	对客户的好处
可以均衡业务接待与维修部门的工作量	可以维护自己的客户基盘	可以有效地管理自己的时间
可以控制与节约人力成本	可以提高自己的工作收入	可以缩短在店等待时间
可以提高工时利用率与工位利用率	可以更加主动、有效地管理自己的时间	可以在推广期内享受折扣待遇
可以增加入场台次	—	—
可以有效维护客户基盘	—	—

2. 预约服务人员能力要求

（1）沟通能力。沟通的作用是信息的相互传达，把你的信息、想法准确无误地传达给对方，正确接收、领会对方的信息和想法。

（2）礼貌礼仪。汽车售后服务顾问或预约专员在与客户沟通时必须讲究礼貌礼仪，心情愉悦地与客户沟通。接听客户电话时要问候并向客户介绍自己和公司："您好，欢迎致电××4S店，我是汽车售后服务顾问××，请问有什么可以帮到您？"

要及时接听客户电话，电话铃响三声内（彩铃10s以内）接起电话，否则首先应该向客户表示歉意："您好，很抱歉让您久等了！欢迎致电××4S店，我是汽车售后服务顾问××，请问有什么可以帮到您？"要等客户挂断电话后，汽车售后服务顾问或预约专员方能挂断电话。

（3）用心倾听。和客户沟通交流要积极地倾听。积极倾听的目的是了解客户需求，包容和理解客户的情绪。不要经常随意打断客户说话，但可以适当提问题，适当做记录，积极重复所听到的内容，询问客户意见。

（4）正确的提问方式。与客户交流时要用正确的方式提问，了解客户个人及其车辆的有关信息，开放式、封闭式、选择式、建议式多种提问方式灵活运用。

3. 建立客户档案

建立好完整的客户档案，是做好预约服务工作的前提。客户来公司维修保养或咨询的，应在相关手续办理完毕后将客户的有关信息录入系统保存。

工作人员可以通过查询客户档案资料，了解客户与客户车辆的相关信息，推算出客户车辆的保养时间，根据客户的个性化需求情况，找出下一次服务的内容和时间，并与客户及时沟通进行预约服务工作。同时，可以根据客户的个人情况，邀请客户参加公司组织的车友会、节假日促销活动。

客户档案资料的内容包括客户姓名、电话、地址、车架号（VIN）车牌号、车型、维修保养记录、下一次保养时间、客户意见等相关信息，具体参考"张奇的客户档案资料表"，见表1-1-3。

表1-1-3 客户档案资料表

姓名	电话	地址	首次送修日期
张奇	1508808****	广州市白云区江高镇**路**号	2018年8月1日
维修类别	车型	车架号（VIN）	车牌号
定期保养	吉利帝豪EV450	LHGGD6523J00****	粤AD345**

续表

维修记录				
送修日期	维修项目	下一次保养期	送修人	客户意见
2018年8月1日	3 000km 3个月	2019年2月1日	张奇	无
2019年2月1日	13 000km 9个月	2019年8月1日	张奇	无
2019年8月1日	23 000km 15个月	2020年2月1日	张奇	无
2020年2月1日	33 000km 21个月	2020年8月1日	张奇	无
2020年8月1日	43 000km 27个月	2021年2月1日	张奇	无
2021年2月1日	53 000km 33个月	2021年8月1日	张奇	无

四、预约工作流程

1. 主动预约工作流程

主动预约工作流程如图1-1-4所示。

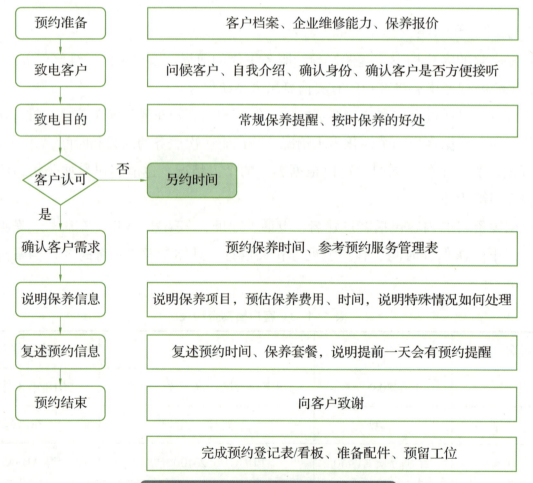

图1-1-4 主动预约工作流程图

提前一天提醒客户，如图 1-1-5 所示。

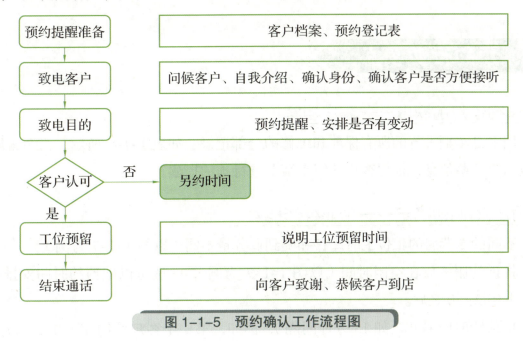

图 1-1-5　预约确认工作流程图

乙. 被动预约工作流程

被动预约工作流程如图 1-1-6 所示。

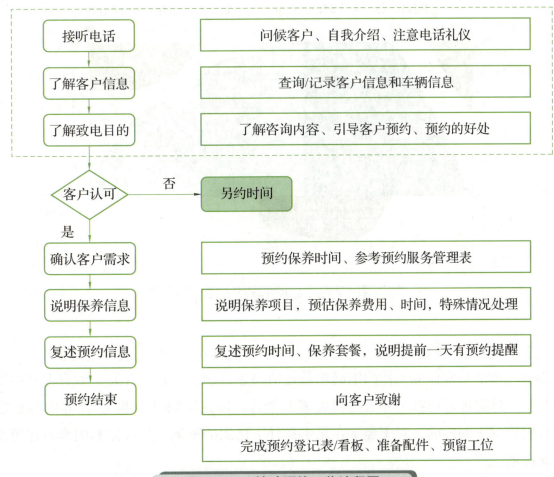

图 1-1-6　被动预约工作流程图

提前一天提醒客户（同主动预约）。

五、预约行动要点

1. 预约信息的获取——客户档案

客户档案是车辆进行的所有保养和维修的全部记录，如表1-1-3所示，汽车售后服务顾问有效地利用这些信息，根据客户的用车情况进行预约提醒。

2. 预约时间的确定——企业维修能力

（1）不同的专营店的工位工时库存和随到业务量不同（以图1-1-7为例）。

（2）将预约服务放在空闲时间（以图1-1-7为例），一般可以把预约时间安排在上午9点之前和下午2：30之后。

（3）将预约时间隔开（如15分钟间隔），例如，第一个客户预约在下午2：30，第二个客户就安排在下午2：45。

（4）优先安排返修、召回、保修、紧急维修和特殊客户。

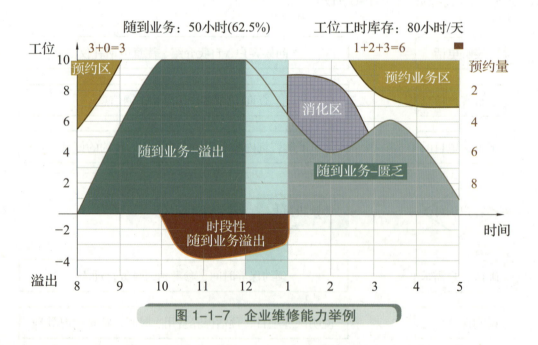

图1-1-7 企业维修能力举例

3. 服务时间、费用的预估——保养项目与报价（保养时长）

新能源汽车的日常保养工作归纳起来就是清洁、紧固、检查、补充。所有保养项目，根据行驶里程/时间进行选择（一万公里或者6个月，以先达到者为准）。保养内容是根据汽车正常行驶情况下制定的，对于经常在恶劣条件下使用的车辆，某些保养内容需在两次保养间隔之间提前进行。

保养涉及检查的项目：（1）动力电池系统；（2）电机系统；（3）电器电控系统；（4）制动系统；（5）转向系统；（6）车身系统；（7）传动及悬挂系统；（8）冷却系统；（9）润滑系统。

新能源汽车保养周期、项目及报价见表1-1-4。

表1-1-4 新能源汽车保养周期、项目及报价　　　　　单位：元

吉利帝豪EV常规保养表								
项目	（以先到者为准）	空调滤芯	制动液	防冻液	变速箱油	工时	合计	备注
首保	3 000km 3个月					120	120	赠送四次免费保养
二保	13 000km 9个月					120	120	
三保	23 000km 15个月	40		216		120	376	
四保	33 000km 21个月		112			120	232	
五保	43 000km 27个月	40		216		120	376	
六保	53 000km 33个月				305	120	425	
七保	63 000km 39个月	40	112	216		120	488	
八保	73 000km 45个月					120	120	
九保	83 000km 51个月	40		216		120	376	
十保	93 000km 57个月		112			120	232	
十一保	103 000km 63个月	40		216	305	120	681	

4. 电话礼仪

（1）要及时接听电话，电话铃响三声内接起电话，否则首先应该向客户表示歉意："您好，很抱歉让您久等了！欢迎致电××4S店，我是汽车售后服务顾问××。"

（2）电话沟通时应该使用明快、亲切的语调与客户礼貌交谈。

（3）接听电话时要积极地倾听，了解客户需求。

（4）结束通话时，应该说"感谢您的接听，祝您用车愉快"，"感谢您的来电，祝您一切顺利"，然后让客户先挂电话。

5. 预约工作任务开展需要以下硬件

（1）设置预约通道或预约接待工位。

（2）设置预约看板。

（3）预约电话专岗专线。

六、预约服务实施

1. 主动预约应对话术

（1）任务情景

客户张先生，2018 款吉利帝豪 EV450 纯电动汽车，系统提示该回店做 63 000 公里的保养，请进行电话预约。见表 1-1-5。

表 1-1-5　主动预约应对话术

流程内容	话术
预约前的准备（客户档案、企业维修能力及报价）	客户姓名：张奇 电话：1508808**** 车型：吉利帝豪 EV450 纯电动汽车　车牌粤 AD345** 历史维修：上次到店保养等了蛮久 保养情况：客户以往没有预约到店
致电客户（问候、自我介绍、确认身份、询问是否方便接听电话）	SA：您好，我是吉利新能源白云店汽车售后服务顾问小陈，请问您是车牌粤 AD345** 的车主张先生吗？ 客户：我是。 SA：需要占用您 3 分钟时间，不知您现在是否方便接听电话？ 客户：方便，您说吧。
说明致电目的（常规保养提醒）	SA：张先生，您好，给您打电话主要是提醒您，您的爱车该做定期保养了。
确认客户需求（预约时间）	SA：根据您以往的行驶习惯，您的车应该差不多到保养期，现在行驶多少公里了呢？ 客户：63 000 多。 SA：是这样的，张先生，根据您车辆的行驶状况，您的爱车该做 63 000 公里的保养了。 客户：又要做保养了？ SA：张先生，车辆的定期保养做好了，可以省去很多修车的麻烦和花费呢。那张先生方便什么时候过来做保养？ 客户：那星期天下午两点吧。 SA：张先生，请稍等，我要查询一下是否有预约空位。星期天就是 8 月 1 日，请您稍等，我为您查询一下是否有预约空位。（10s 后）让您久等了，张先生，很抱歉，星期天下午两点预约已经满了，但是上午 10 点和下午 3 点还有预约空位，请问您哪个时间更方便。 客户：那就下午 3 点吧。 SA：好的，我已经为您进行预约登记了，张先生，除了车辆保养之外，您还有其他问题吗？ 客户：上周车辆底盘有剐蹭，希望能仔细检查底盘。 SA：好的，我已经为您进行登记了。

续表

流程内容	话术
说明保养信息	SA：张先生，本次 63 000 公里保养是第七次保养，需要检查和调整动力系统、冷却系统、空调系统、制动系统、转向系统等。更换空调滤芯、制动液、防冻液。费用方面，零件费 <u>368</u> 元；工时费 <u>120</u> 元；共 <u>488</u> 元； 保养时间需要 <u>1.5</u> 小时，免费洗车 0.5 小时。 我们预计 <u>下午 5 点</u> 可以交车给您，不过具体提车时间还要以车辆到店检查为准。如果在保养过程中发现涉及额外的维修工作都会事先征得您的同意再进行维修。
复述预约内容	SA：好的，张先生，我现在为您复述一遍预约内容，您预约了周日 1 日下午 3 点到我们专营店做 63 000 公里的保养，在过来保养的时候麻烦您带上《保养手册》，张先生，预约到店的前一天，我们会电话和短信提醒您。 客户：好的，谢谢。
预约结束	SA：张先生，感谢您的接听，那我就不打扰您了，再见！
提前一天提醒	SA：张先生，您好。我是您的汽车售后服务顾问小陈，请问您现在方便接听电话吗？打扰您一分钟。 客户：您说。 SA：是这样的，您预约了明天下午 3 点过来我们专营店做 63 000 公里的保养，时间上有变动吗？ 客户：我记得，明天我会过去。 SA：好的，我们专营店明天下午 3 点到 3 点 15 分会为您保留预约工位，有任何变动请随时联系我。 客户：好。 SA：张先生，稍后我们会给您发送提醒短信，感谢您的接听，再见。

（2）相关单据

填写预约服务登记表，如表 1-1-6 所示。

表 1-1-6　预约服务登记表

<u>　白云　</u>专营店　　地址：<u>广州市白云区 ** 镇 ** 路 7 号</u>　　电话：<u>020-87656**</u>

客户信息		
姓名：张奇	电话：1508808****	车型：吉利帝豪 EV450
车牌号：粤 AD345**	里程数：63 005	上次进店时间：2021-2-1
预约信息		
预约来店时间：2021-8-1 15：00 PM		预约交车时间：2021-8-1 17：00
免费洗车：是 ☑　　否 □		付费方式：刷卡 ☑　　现金 □

续表

客户描述
上周车辆底盘有剐蹭，希望能仔细检查底盘。

客户其他需求
检查底盘

序号	维修内容	工时	单价	工时费	备注
1	6 3000公里保养	2	60	120	
2					
3					
4					

序号	零件名称	数量	单价	零件费	备注
1	空调滤芯	1	40	40	
2	制动液	1	112	112	
3	防冻液	1	216	216	
4					

维修费用预估	工时费	零件费	其他	总计
	120	368	0	488

乙、被动预约应对话术

任务情景

车主张涛，车型为吉利帝豪EV450纯电动车，大约行驶了23 000公里，此次致电到白云专营店，作为汽车售后服务顾问，您该如何邀约客户预约到店保养呢？见表1-1-7。

表1-1-7 被动预约应对话术

流程内容	话术
接听电话	SA：您好，欢迎致电吉利白云专营店，我是汽车售后服务顾问小陈，请问有什么可以帮您？ 客户：是这样的，我的车差不多开了23 000公里，那是不是该做保养了？

续表

流程内容	话术
了解客户信息	SA：女士，请您告诉我您的姓名和车牌号，我来查看您的维修保养记录。 客户：张涛，车牌粤 AD345**。 SA：请您稍等，正在为您查询。 SA：让您久等了，张女士，您上次来我们店做过 13 000 公里的保养。 客户：对的。
了解致电目的	SA：张女士，提前预约做保养可以提前为您安排好工位，减少您在店等待时间。您此次致电主要是预约做保养对吗？ 客户：对的。
确认客户预约需求	SA：您这次的保养是 23 000 公里，您希望哪一天、哪一个时间段到我们店做 23 000 公里的保养呢？我为您预约登记一下。 客户：下星期二，上午 10 点吧。 SA：下个星期二就是 7 月 27 日，请您稍等，我为您查询一下是否有预约空位。（10s 后）让您久等了，张女士，很抱歉，下星期二上午 10 点的预约已经满了，但是上午 9 点和下午 3 点 15 分还有预约空位，请问您哪个时间更方便。 客户：那就下午 3 点 15 分吧。 SA：好的，我已经为您进行预约登记了。张女士，您的爱车在平时使用的时候有其他异常情况吗？ 客户：没有。
说明保养信息	SA：我为您说明一下 23 000 公里的保养情况，好吗？ 客户：行。 SA：23 000 公里的保养需要检查动力系统、冷却系统、空调系统、制动系统、转向系统等，更换空调滤芯、防冻液。费用方面，零件费为 256 元，工时费为 120 元，总计 376 元。前四次保养费是由厂家赠送的，所以这次保养您不需要支付保养费。我们这次保养的时长是一个半小时。到时根据保养检查的结果，如果涉及额外的维修工作都会事先征得您的同意再进行维修。 客户：行。 SA：您还有其他疑虑吗？ 客户：没有了，都清楚了。
复述预约内容	SA：好的，张女士，我现在为您复述一遍预约内容，您预约了下周二 27 日下午 3 点 15 分到我们专营店做 23 000 公里的保养，在过来保养的时候麻烦您带上《保养手册》。 客户：好的，没问题。
预约结束	SA：我们也会提前一天提醒您过来保养的。 客户：好的。 SA：张女士，请问您还有其他疑虑吗？ 客户：没有了。 SA：张女士，感谢您的接听，祝您用车愉快，再见。

续表

流程内容	话术
提前一天提醒	（提前一天提醒） SA：张女士，您好。我是您的汽车售后服务顾问小陈，请问您现在方便接听电话吗？打扰您一分钟。 客户：您说。 SA：是这样的，您预约了明天下午3点15分过来我们专营店做23 000公里的保养，时间上有变动吗？ 客户：不好意思，明天我有事去不了。 SA：没关系的，那张女士，我们另外预约一个时间？您什么时候比较方便呢？ 客户：8月1日下午3点半可以吗？ SA：我为您查询一下是否还有预约空位。请稍等。 SA：让您久等了，已经在系统帮您预约了周日8月1日下午3点半，我们也会提前一天提醒您过来保养的，还有其他疑虑吗？张女士。 客户：没有了。 SA：张女士，感谢您的接听，再见。

任务2 客户接待

任务目标

1. 能说出接待准备工作事项。
2. 能说出接待预检工作流程和操作要点。
3. 能规范安装维修防护用品，正确填写外观检查表。
4. 能按照客户接待要求独立执行接待预检工作任务。
5. 能说出汽车定期保养项目内容。
6. 能说出制单服务工作流程和操作要点。
7. 能正确制作委托维修估价单。
8. 能按照制单服务要求独立执行制单服务工作任务。
9. 能说出客户休息引导工作流程和操作要点。
10. 能按照休息引导要求独立执行客休服务工作任务。
11. 能应用销售技巧推介常见汽车精品。

任务 2.1 非预约客户接待

任务导入

客户张先生的爱车——2019款吉利帝豪EV450纯电动汽车,在当天直接到吉利白云专营店,做43 000公里保养。作为汽车售后服务顾问的你应如何接待?

知识链接

一、售后服务接待礼仪

客户接待是售后服务人员与客户见面与交流的一个环节,给客户留的第一印象非常重要。作为一名合格的售后服务人员,应注意自己的仪容仪表,在工作中使用规范的礼仪,给客户留下专业、专注的职业形象。

1. 仪容仪表

女员工要求:发型梳理整齐,长头发整洁扎于脑后;妆容清丽、素雅;衬衫、裙子整洁、无褶皱;手部要保持清洁,指甲不宜过长,指甲油的颜色可涂自然色;穿8厘米以下的黑皮鞋(不露脚趾、脚跟),搭配肉色丝袜。

男员工要求:短发,并保持头发整洁;面孔整洁无胡须,眼睛有神;手指甲不宜过长;衬衫、裤子、西装整洁、无褶皱,领带的末端达到皮带扣处,衬衣的下摆塞到裤腰里,裤子长度盖住皮鞋;穿深色的袜子搭配圆黑皮鞋。

详细要求见表1-2-1。

表1-2-1 汽车售后服务顾问仪容仪表要求

部位	男员工	女员工
整体	自然大方得体,符合工作需要。精神奕奕,充满活力	
发型	发型大方,梳理整齐,无头皮屑,无异味;不留长发、大鬓角,长度要求:前不及眉、后不及领、旁不遮耳	梳理整齐,无头皮屑,无异味;发型大方,不留怪异新潮发型,不留披肩发(长发应盘发)
面容	脸、颈及耳朵保持干净,胡子刮干净	脸、颈及耳朵保持干净,化淡的生活妆,口红选择低调、自然的红色,让人看起来有一个好气色

续表

部位	男员工	女员工
身体	勤洗澡、无体味	勤洗澡、无体味,香水可以选择清淡/中性香味的
饰品	领带保持干净整洁,领带应系得大方得体,如果一定要用领带夹,应夹在衬衫第三和第四个扣子中间的位置;除佩戴手表外,建议不佩戴其他首饰	佩戴统一头花发饰,其他发饰以深色为宜,不佩戴有响声的饰物,建议不带耳环、戒指或造型夸张的饰物品
衣服	上班穿工作服,领子、袖口干净、无褶皱、无破损、无异味、无污渍;西裤有裤线,长度盖住皮鞋	上班穿工作服,衬衣、袖口干净、无褶皱、无破损、无异味、无污渍;白衬衫搭配浅色内衣,裙长及膝,不宜过长或过短
手	手不能留长指甲,指甲要整齐卫生,指甲要修好、无污垢	女员工不涂指甲油或只涂无色透明、自然色指甲油,指甲无污垢
鞋袜	袜子颜色选用深色的,如黑色、深灰色、深咖啡色,袜筒的高度高于25厘米,穿着时袜子拉起,不堆积在脚踝处;皮鞋鞋面擦亮、鞋跟完好,无破损、无异味	肉色丝袜,无线头、无破洞;皮鞋避免鞋跟过高和过细;鞋要擦亮,鞋跟完好,鞋袜清洁无异味

2. 礼仪规范

售后服务人员的整体动态形象也是非常重要的,站立行走要表现出积极向上、有活力的精神状态。在待人接物时落落大方。汽车售后服务顾问礼仪规范见表1-2-2。

表1-2-2 汽车售后服务顾问礼仪规范

仪态	规范
站姿	挺胸、收腹,双手自然叠放于腹前。 男员工:双脚可微微张开,但不能超过肩宽; 女员工:双脚成丁字步
坐姿	上身挺直,坐正,坐椅子的三分之二处。 男员工:双腿略分开,两手分别放在双膝上; 女员工:双腿并拢,双手自然交叠
30度鞠躬礼	(您好,欢迎光临) 鞠躬时,双手交叉放在腹前,头颈背成一条直线; 前倾30度,目光约落于体前1.5米处,再慢慢抬起,注视对方
右手行示意礼	(您好,这边请)四指并拢,由身体一侧自下而上抬起,手臂摆到距离身体15厘米,目视客户,面带微笑
挥手礼	(再见) 身体站直,目视对方,手臂前伸,掌心朝外,左右挥动

续表

仪态	规范
开车门礼仪	（您好，欢迎光临） 一只手将车门开至90度，另一只手手指并拢，手臂伸直，置于车门框上沿，以防顾客头部碰撞车门门框。上身微向车辆倾斜，见客户下车，用礼貌用语问候客户，表示欢迎，待客户下车后，将车门轻轻关上
握手礼仪	距离一步左右，上身稍向前倾，伸出右手，四指齐并，拇指张开，双方伸手一握，时间一般以1~3秒为宜。握手时双目应注视对方，微笑致意或问好
名片礼仪	双手递送，面带微笑，注视对方。名片的位置是正面朝上，向对方能顺着读出内容的方向递送。"我是吉利白云专营店的汽车售后服务顾问小明，这是我的名片，请多多指教"
就座	（您请坐） 用双手握住椅子的椅靠，轻轻将椅子往外移出。等客人往下坐的时候，轻轻地将椅子往前推，客人自然坐下。注意将椅子轻轻提起，避免椅子发出声音
上茶	（您请用茶） 给客户上茶时，双手递茶。摆放前，一定要轻声示意，摆放时右进右出，摆放位置为饮水者右手上方5~10厘米处

3. 礼仪用语

与客户的语言沟通是非常重要的，使用礼貌、规范、专业、标准的语言，能增加汽车售后服务顾问与顾客的亲近感和好感。汽车售后服务顾问礼仪用语要求见表1-2-3。

表1-2-3 汽车售后服务顾问礼仪用语要求

用途	规范
迎宾用语	您好，欢迎光临吉利白云专卖店。
询问用语	请问您贵姓，请问有什么可以帮您？
接待用语	您这边请，您请坐。 我们这边免费提供茶、白开水和橙汁，请问您喝点儿什么？
道歉用语	对不起、非常抱歉、请您稍等、麻烦您了、打扰您了。
赞扬用语	您对车很有研究，您的爱车在平时使用中维护得很好。
道别用语	感谢您的信任和支持，您慢走，欢迎下次再来！

4. 售后服务环境管理

专营店的环境是客户体验的第一触点，要做好服务工作，就要"打扫干净屋子再请客"，这既是对客户的一种尊重，也是自我的一种涵养。每位工作人员都应该及时检查和保持服务环境的整洁。

售后服务环境管理要求见表1-2-4。

表1-2-4 售后服务环境管理要求

售后大厅	
地面	保持清洁、干净、无垃圾、杂物、污物、积水等； 异常天气提前进行清洁、清扫； 随时对地面出现的纸屑、垃圾进行清扫，保持道路清洁、干净、无异物
服务前台	下班前做好工作区域的整理及清扫； 前台的资料文件夹摆放整齐，保持前台的整洁和形象； 接车夹上的接车资料等应及时补充； 客户到店后及时给客户倒第一杯水，客户走后及时调整好座椅位置和卫生
休息室	
茶几桌椅	洁净、无尘、人走杯撤、人走盅清、人走报整，桌上无异物、脏物； 座椅按指定朝向摆放，人走位归、人走椅整
报刊读物	靠墙置报纸夹，原则上只保留昨今两日报纸，分日存放、便于客户自取、便于旧报纸回收管理； 茶几建议能存放读物，便于客户休息时享用

二、非预约客户接待工作

1. 客户接待的准备工作

（1）按汽车售后服务顾问规范要求检查个人仪容、仪表。

（2）准备好必要的表单、工具——预约单、接车问诊单、客户服务档案、价目表、六件套。

（3）客户资料准备——预约登记表、预约欢迎看板。

2. 工作环境的维护及清洁

在工作过程中随时留意自己的仪容仪表，保持良好的个人状态；相关表单、工具及时补足；工作环境整洁，随时留意并保持。

> 小提示：六件套包括主驾座椅套、主驾脚垫、转向盘套、变速杆套、副驾脚垫、副驾座椅套。

3. 非预约客户接待流程

非预约客户接待流程如图1-2-1所示。

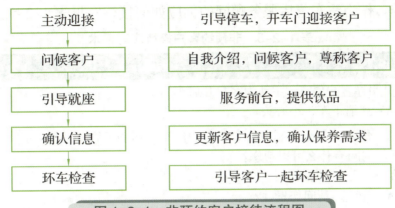

图 1-2-1 非预约客户接待流程图

三、非预约客户接待操作要点

1. 主动迎接客户

客户进店时,要迅速出迎,并引导客户停车;主动为客户开启车门,亲切、热情地问候客户,进行简短的自我介绍,并递送名片。

2. 确认客户信息

(1)获取客户需求:询问客户的用车需求,来店是做保养或者是做维修的,汽车售后服务顾问要根据客户的需求情况提供相应的服务。

(2)获取基本信息:第一次到我们专营店的客户需要为他建立客户服务档案,包括客户的基本信息、送修人姓名和联系电话。另外,还要登记车辆的基本信息,包括车牌号、车辆行驶里程、车辆 VIN(车辆识别码)号等。

(3)预约宣传:对于非预约保养客户,利用服务大厅内显示的客户预约信息,宣传预约的好处。

> **小提示:预约车顶牌**
> 为了按照客户到来的先后顺序而提供服务和突出预约客户的优先权,可以使用某些标识牌来区分服务顺序,如在车顶上放置不同颜色和数字的标识牌区分客户到来的顺序和服务顺序,汽车售后服务顾问很容易在待修车辆中确定服务顺序。车顶牌的下面镶有磁铁,可以吸在车顶上。

四、非预约客户接待实施

1. 任务情景

客户赵先生的爱车——2019 款吉利帝豪 EV450 纯电动汽车,在当天直接到吉利专营店,做 43 000 公里保养。作为汽车售后服务顾问的你应如何接待？见表 1-2-5。

表 1-2-5 非预约客户接待应对话术

流程内容	话术
主动迎接	（并引导客户停车；主动为客户开启车门） SA：您请下车，小心头。
问候客户	SA：您好，我是吉利白云专营店的汽车售后服务顾问小陈，这是我的名片，请多多指教。请问有什么可以帮您？ 客户：我过来保养。 SA：先生，请问您贵姓？ 客户：我姓赵。 SA：赵先生，请问您有预约吗？ 客户：没有。
引导就座	SA：您这边请，先到这边休息一下。 SA：您请坐。 SA：我们这边免费提供茶、矿泉水和橙汁，请问您喝点儿什么呢？ 客户：矿泉水。 SA：请喝水。（礼仪——双手递送） 客户：谢谢。 SA：现在前台比较忙。您需要等待一下，大概五分钟。 客户：好的。 （五分钟后）
确认信息	SA：赵先生，麻烦您提供一下行驶证，我帮您登记一下车辆信息。 客户：好。 SA：谢谢。 （填写客户档案资料表） SA：您是车主赵小明先生吗？ 客户：对。 SA：请问您的手机号码是什么？ 客户：158664827**。 SA：您的爱车现在多少公里了？ 客户：43 000 公里左右。 SA：赵先生，您的爱车在平时使用的时候有其他异常情况吗？ 客户：没有异常。 SA：赵先生，43 000 公里的保养要更换空调滤芯和防冻液，检查动力系统、冷却系统、空调系统、制动系统、转向系统等。费用方面，零件费 256 元，工时费 120 元。保养费用共 376 元。等一会儿我们一起看完接车问诊单的时候我再给您详细说明。 客户：行。 SA：赵先生，我建议您下次保养之前，可提前一天跟我们打电话预约，这样入厂以后，您就可以得到优先安排。提前预约的话，还可以享受快速保养。 客户：那这次保养需要多久呀？ SA：现在正好是入厂高峰期，要 2 个小时。所以还是希望您下次能够预约。 客户：好的。
环车检查	SA：那我们一起去看看您的爱车，一起做个环车检查，您这边请。

2. 客户证件和客户档案表

参考图 1-2-2 的行驶证和驾驶证，填写客户档案资料表，见表 1-2-6。

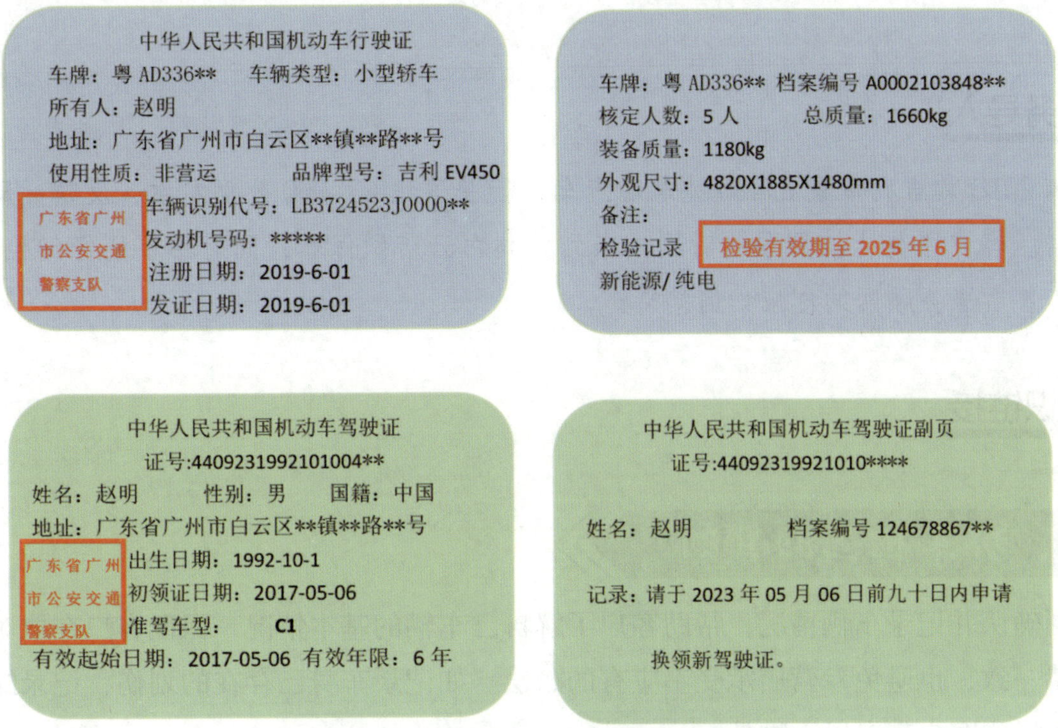

中华人民共和国机动车行驶证
车牌：粤 AD336**　车辆类型：小型轿车
所有人：赵明
地址：广东省广州市白云区**镇**路**号
使用性质：非营运　品牌型号：吉利 EV450
车辆识别代号：LB3724523J0000**
发动机号码：*****
注册日期：2019-6-01
发证日期：2019-6-01

（广东省广州市公安交通警察支队）

车牌：粤 AD336**　档案编号 A0002103848**
核定人数：5 人　　总质量：1660kg
装备质量：1180kg
外观尺寸：4820X1885X1480mm
备注：
检验记录　检验有效期至 2025 年 6 月
新能源/纯电

中华人民共和国机动车驾驶证
证号：4409231992101004**
姓名：赵明　性别：男　国籍：中国
地址：广东省广州市白云区**镇**路**号
出生日期：1992-10-1
初领证日期：2017-05-06
准驾车型：C1
有效起始日期：2017-05-06　有效年限：6 年

（广东省广州市公安交通警察支队）

中华人民共和国机动车驾驶证副页
证号：4409231992101 0****
姓名：赵明　　档案编号 124678867**
记录：请于 2023 年 05 月 06 日前九十日内申请换领新驾驶证。

图 1-2-2　赵明的行驶证和驾驶证

表 1-2-6　赵明的客户档案资料表

客户档案资料表				
姓名	电话	地址		首次送修日期
赵明	158664827**	广东省广州市白云区**镇**路**号		2019 年 9 月 1 日
维修类别	车型	车架号（VIN）		车牌号
定期保养	吉利帝豪 EV450	LB3724523J0000**		粤 AD336**
维修记录				
送修日期	维修项目	下一次保养期	送修人	客户意见
2021 年 9 月 1 日	43 000km 27 个月	2022 年 3 月 1 日	赵明	无

任务 2.2　预约客户接待

任务导入

一辆 2018 款吉利帝豪 EV450 纯电动汽车，行驶里程 63 000 公里左右，反映一周前底盘有过剐蹭。客户张先生按照预约时间，来到吉利白云店做保养，同时希望能仔细检查底盘。作为汽车售后服务顾问的你应如何接待？

知识链接

一、环车检查的目的

共同确认并记录车辆情况，帮助客户了解自己车辆的基本情况，保证客户在取车时车辆情况保持一致，也避免专营店承受不应有的赔偿。如记录车身已存在的划伤，记录缺失的随车工具，提醒客户带走贵重物品。

发掘客户没有察觉的维修需求，如车身明显的划痕、轮胎磨损接近极限、雨刮器刮片磨损。

二、预约客户接待

1. 预约客户接待流程

预约客户接待流程如图 1-2-3 所示。

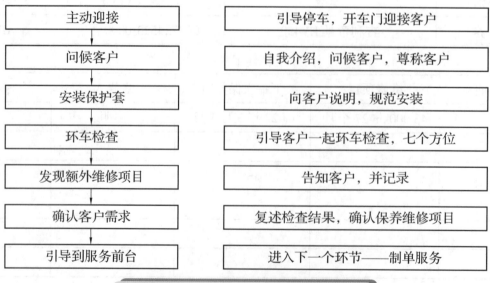

图 1-2-3　预约客户接待流程图

2. 环车检查的内容

环车检查的内容如图 1-2-4 所示。

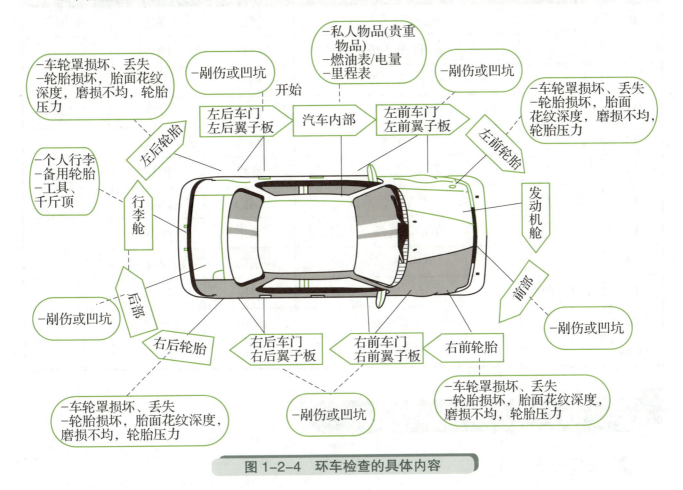

图 1-2-4 环车检查的具体内容

3. 车辆外观检查项目表

车辆外观检查项目如表 1-2-7 所示。

表 1-2-7 车辆外观检查项目表

序号	车辆部位	检查项目	问题点		
1	车内	驾驶员座椅/内饰	坏	脏污	
2		喇叭/警告/指示灯	故障		
3		电动车窗/座椅/天窗/后视镜	故障		
4	左后方	车门/翼子板	刮伤	凹坑	
5		轮胎/车轮	磨损	损坏	压力低
6		车侧充电口盖	损坏		
7	正后方	工具，备胎			
8		行李舱/保险杠	刮伤	凹坑	
9		排气消音器	损坏		

续表

序号	车辆部位	检查项目	问题点		
10	右后方	轮胎/车轮	磨损	损坏	压力低
11		车门/翼子板	剐伤	凹坑	
12	右前方	车门/翼子板	剐伤	凹坑	
13		雨刮器胶条	老化	变形	
14		风挡玻璃	剐伤	裂纹	
15		轮胎/车轮	磨损	损坏	压力低
16	正前方	发动机舱盖/保险杠	剐伤	凹坑	
17	车辆左前部	雨刮器胶条	老化	变形	
18		风挡玻璃	剐伤	裂纹	
19		轮胎/车轮	磨损	损坏	压力低
20		车门/翼子板	剐伤	凹坑	
21		车顶	剐伤	凹坑	

三、预约客户接待操作要点

1. 安装防护用具

邀请客户一起检查车辆状况时,汽车售后服务顾问当着客户的面安装防护六件套,这样可以让客户感觉到我们专营店对他爱车的重视和爱护。

在未使用防护用具时,禁止任何工作人员进入客户车内,即使客户表示不用防护用具也必须使用防护六件套。另外,在驾驶客户车辆、开关车门、检查电器故障时,都要小心、轻柔,不可以扒靠开启状态的车门或倚靠车辆。

2. 环车检查

不同的品牌会有不同的检查路线,这里的案例是采用逆时针的方式,车内→左后方→正后方→右后方→右前方→正前方→左前方,每个方位都有明确需要检查的地方(参考车辆外观检查项目表),不会遗漏检查某个部位。

接车问诊单上记录总里程、剩余电量(混合动力汽车还要记录油表位置),在检查过程中提醒客户带走车内贵重物品,再一边检查一边记录任何车身损坏迹象,并且告知客户要关注和记录个别零部件或附件的缺失情况。

如果环车检查时发现车辆有轻微的故障需要处理,例如,浅小的剐伤、轮胎缺气等,可以帮客户免费处理,以提高客户的满意度。

3. 结果确认

展示接车问诊单的检查记录结果,把刚刚和客户一起环车检查中发现的车身损坏、故障等复述一遍。确认客户需求,××公里的保养,××更换,××维修,最后让客户签名确认。

四、预约客户接待实施

1. 预约客户接待话术

任务情景:客户张先生的爱车——2018款吉利帝豪EV450纯电动汽车,行驶里程63 000千米左右,一周前底盘有过剐蹭。客户张先生按照预约时间,来到吉利白云店做保养,同时希望能仔细检查底盘。作为汽车售后服务顾问的你应如何接待?见表1-2-8。

表1-2-8 预约客户接待话术

流程内容	话术
主动迎接	(并引导客户停车;主动为客户开启车门) SA:您请下车,小心头。
问候客户	SA:您好,请问是张先生吗?我是吉利白云专营店的汽车售后服务顾问小陈,这是我的名片。 SA:您这次是来做63 000公里的保养,对吗? 客户:对的。 SA:您过来我们店做保养,那么信任我们,我们要对您的爱车负责,让我们一起检查下您爱车的车况。 客户:好。
安装维修保护套	SA:让我先为您铺上维修保护套,防止在保养过程中弄脏您的车。 (维修保护套30s:先脚垫,然后座椅套,最后方向盘套、换挡杆套)
环车检查: 车内→左后方→正后方→右后方→右前方→正前方→左前方	SA:张先生,能麻烦您给我一下车钥匙吗?我们一起检查下车内的功能。 SA:里程是63 005公里,电量还剩80%。 (检查灯光)灯光正常(检查喇叭)喇叭正常 (检查音响)音响正常(检查空调)空调制冷正常 (检查内饰)您的内饰完好。 SA:张先生,方便我打开您的中央储物盒和手套箱吗? 客户:可以。 (手套箱中取出保养手册) SA:张先生,我拿了您的保养手册,保养完了会在上面盖章确认。 客户:好的。

续表

流程内容	话术
环车检查： 车内→左后方→正后方→右后方→右前方→正前方→左前方	SA：您的车内是否有贵重物品，请您随身携带。 客户：我都带好了。 （下车前打开发动机舱盖锁） SA：现在我们一起检查一下您爱车的外观。您这边请。 左后（车门、翼子板、轮胎、车轮、车顶） 正后（尾门、保险杠、行李舱、工具、备胎） SA：张先生，您的行李舱盖上有两道剐痕，我帮您记录一下。 SA：张先生，方便打开您的行李舱吗？ 客户：可以。 SA：工具齐全，备胎完好。在保养的时候，我们技师会帮您整车的轮胎检查胎压，包括备胎。保证胎压在规定的范围。 右后（车门、翼子板、轮胎、车轮） 右前（车门、翼子板、轮胎、车轮、右后视镜、风挡玻璃、雨刮器胶条、车顶） SA：张先生，右前轮毂有剐花。 正前（发动机舱盖、保险杠、发动机舱） SA：张先生，您的发动机舱盖上有一点掉漆，我帮您记录一下。 SA：张先生，我打开发动机舱盖给您看一下。所有线束目测没有松动，这个是雨刮水加注口，缺少雨刮水的时候可以直接往这里添加。这个是防冻液加注口，热车状态下千万不能打开，要等冷车状态才能往里添加防冻液。 您看发动机舱这里还有没有什么疑问？ 左前（车门、翼子板、轮胎、后视镜、风挡玻璃、雨刮器胶条、车顶） 客户：没有。
发现额外维修项目	SA：张先生，您的雨刮胶条有点老化，最近广州经常下雨。下雨天开车，您觉得有影响吗？ 客户：下雨天的时候雨刮刮完也不是很干净。 SA：张先生，干净的前风挡玻璃，保证行车的良好视线。雨刮胶条老化，刮水不干净，会影响行车安全。我建议您更换一副新的雨刮器胶条。 客户：我考虑一下。 SA：张先生，您的爱车平时使用起来有其他什么异常情况吗？ 客户：没有啊，都挺好的。
确认客户需求	SA：张先生，这个是我们的外观检查报告，您看一下，外观方面，发动机舱盖上有一点掉漆，右后轮毂有剐花，行李舱盖上有两道划痕，然后您这次来主要是做63 000公里的保养。还有之前预约时提到的要检查底盘。您看看有没有疑问，没有问题请在右下方签名。
引导到服务前台	SA：现在我们一起去服务前台给您打印一份委托维修估价单。您这边请。

乙 相关单据

填写接车问诊单，如表1-2-9所示。

表 1-2-9　接车问诊单

来店时间	2021-8-1 3：00 PM	客户	张奇	联系电话	1508808****	行驶里程	63 005km
车牌号码	粤 AD345**	车辆型号	EV450	VIN码	LHGGD6523J00****	备注	无

功能确认：（正常打"√"，不正常打"×"）
- ☑ 音响系统　　　　☒ 雨刮
- ☑ 中央门锁（防盗器）　☑ 后视镜
- ☒ 天窗　　　　　　☑ 四门玻璃升降

外观确认：H 划痕　P 破裂　D 丢失　F 腐蚀（掉漆）

物品确认：（有打"√"，无打"×"）

电量：80%

- ☑ 贵重物品已提醒用户带离车辆
- ☑ 随车工具　☑ 千斤顶
- ☑ 备胎　　　☑ 灭火器
- ☑ 其他（无　　）

（如有损伤，在相应部位作标记）

车身示意图标记：F（前部）、H（后部两处）

故障问诊·诊断报告

发生时间	☐突然　☐（　）天前　☐（　）月前　☐其他（　　）
发生频度	☐经常　☐只有一次　☐有时　☐每（　）日一次　☐每（　）月一次　☐其他（　）
工作状态	☐冷机时　☐热机时　☐起动时　☐挡位（　　）☐空调（开/关）☐其他（　）
道路状态	☐一般道路　☐高速道路　☐水泥路面　☐沥青路面　☐砂石路面　☐其他（　）
行驶状态	☐速度（　~　）☐急加速时　☐缓加速时　☐急减速时　☐缓减速时　☐其他（　）

故障现象描述	故障原因分析	故障处理方法
雨刮器胶条老化		建议更换雨刮器胶条

服务顾问提醒	本店已提醒用户将车内贵重物品带离车辆并妥善保管，如有丢失恕与本店无关。		
用户确认	张奇	汽车售后服务顾问	陈媛媛

任务 2.3 制单服务

📝 任务导入

一辆 2018 款吉利帝豪 EV450 纯电动汽车,行驶里程 63 000 公里左右,一周前底盘有过剐蹭。客户张先生按照预约时间,来到吉利白云店做保养,已经接待客户并且完成了车辆的检查,作为汽车售后服务顾问的你如何完成制单服务?

📝 知识链接

确定保养维修项目和向客户解释疑惑是制单服务的主要内容,也是车间开始实施保养维修工作的前提。在这个过程中汽车售后服务顾问对客户主动解释保养维修的具体项目内容、使用的零件的情况、需要的费用和时间,打消客户的疑虑。同时,规范地制作委托维修估价单,带给客户专业、信赖的感觉,保障双方的利益。

一、制单服务的流程

制单服务的流程如图 1-2-5 所示。

图 1-2-5 制单服务流程图

二、制单服务的操作要点

1. 和客户核对保养项目

详细说明更换的零件和检查调整项目，更换的零件见表1-1-4。具体定期保养需要检查调整的项目见表1-2-10。

表1-2-10 定期保养需要检查调整的项目表

项次	保养项目	1万公里或6个月	规则及标准
1	外露螺栓、螺母	检查	外露螺栓、螺母，按规定力矩检查并拧紧到位
2	制动性能	检查、调整、更换	制动性能检查，必要时调整，或按情况需要更换制动摩擦片
3	制动液检查	添加	检查制动油液容量，不足时添加符合GB 12981—2012《机动车辆制动液》中的DOT4或HZY4制动液
4	制动液更换	更换	每行驶2年或3万公里必须更换制动液，特别恶劣的情况下每行驶1年或2万公里更换制动液
5	制动软管和硬管	检查	是否漏油、损坏、紧固、定位
6	制动软管、制动皮碗更换	更换	每行驶2年必须更换，特别恶劣的情况下每行驶1年更换
7	轮胎	检查、更换	检查冷轮胎充气压力是否正常，前轮240kPa，后轮240kPa；检查轮胎花纹深度，必要时更换
8	四轮定位	调整、检查	营运车首次8 000公里做一次四轮定位，以后视车辆情况确定
9	全车灯光	检查	功能
10	喇叭、雨刮器、洗涤器	检查	功能
11	车门铰链、限位器、门锁	检查	涂抹润滑脂
12	线路	调整、检查、更换	检查运动件与线束有无干涉、有无磨损、插件插接是否到位、线束固定是否到位，绝缘电阻值测量

续表

项次	保养项目	1万公里或6个月	规则及标准
13	驱动电机	检查	驱动电机固定螺栓紧固性检查，电机三相线紧固性检查，接地线束紧固性检查
14		调整、检查	水冷系统管路有无老化、变形、渗漏，水箱、管路有无水垢，水泵工作是否正常
15		检查	位置、温度传感器的检测，传感器电阻值、绝缘电阻值测量
16		检查	测试电机U、V、W间线电阻，测试电机绝缘电阻值，测试电机接地线部位的接地电阻值
17		调整、检查	电机前后端盖清理检查，电机的轴向间隙检测，怠速及行车状态，电机运转是否平稳
18	动力电池组	调整、检查	电池箱体（含尾部挂梁）与车辆底盘螺栓紧固检查、螺栓是否腐蚀；电池箱体是否有划痕、腐蚀、变形、破损等情况；电池箱体底部防石击涂料是否有划痕、腐蚀、破损等情况
19		检查	MS，检查拉手及底座内部是否清洁、腐蚀、破损
20		调整、检查	高、低压接插件是否清洁、腐蚀、破损，连接是否可靠；接地线束是否牢固无松动
21		检查	检查电池状态参数、SOC、温度、Cell电压、Pack绝缘阻值
22	DC-DC 转换器	检查	DC-DC转换器工作是否正常；线束波纹管表皮是否老化、开裂、脱落；接插件是否松动，线束端子螺栓是否松动
23	电机控制器	检查	功能；检查接地线束是否牢固无松动
24	防冻液	添加、检查、更换	检查是否泄漏、液面高度是否在正常范围，不够时添加，每2万公里更换一次（或按情况需要）
25	齿轮油	添加、检查、更换	检查是否泄漏、液面高度是否在正常范围，不够时添加，每5万公里更换一次（或按情况需要）
26	车载充电机	检查	充电机安装牢固、无松动，表面清洁，充电机诊断测试；高、低压接插件表面完好无破损、牢固
27		检查	接地线牢固无松动，绝缘、接地检测，绝缘电阻≥100MΩ；接地电阻≤0.10MΩ
28	空调系统	检查	检查空调功能，制冷空调管路、压缩机是否有泄漏、异响等；一般情况下每10 000公里或12个月（以先到者为限）更换空调滤芯

通常情况下，纯电动车保养项目分别为动力系统、冷却系统、空调系统、制动系统、转向系统等。在整个保养周期内，纯电动车所需更换的零件主要有防冻液、刹车油、齿轮油、空调滤芯等。定期的检查、调整和更换，为车主提供更好的用车保障。

为了体现对客户用车的关心，汽车售后服务顾问应该主动询问客户日常用车的状况，了解客户是否还有需要补充的检查或维修项目。通过询问，鼓励客户将任何细小的用车困惑都讲出来，这样既增加了对客户的关怀，也便于更好地满足客户的需求。

根据车龄及公里数介绍应该增加的服务项目并且解释其必要性和好处。雨刮器一般1万公里或者1年更换一次；轮胎8万公里或者6年更换一次；刹车片一般3万公里更换一次。平时日常用车的时候可以留意雨刮器胶条是否老化；轮胎的磨损是否达到了磨损标记；刹车距离是否延长，是否有异响。

2. 制作委托维修估价单和派工单

制作委托维修估价单和派工单，同时完成打印。委托维修估价单是给客户的送修凭证和取车凭证，派工单是给车间的派工单据。

3. 结合委托维修估价单给客户说明保养费用

包括零件费、工时费、具体的取车时间，详细清晰的说明可以让客户清楚地知道保养具体做了什么，每一项收费是多少，并且可以合理安排自己的保养等待时间。

（1）零件费。零件费是指在车辆维修过程中更换零件以及使用耗材所发生的费用。

（2）工时费。工时费用是指维修工人在维修时需要的时间和费用。在实际工作中，汽车维修企业多以工时定额及单价向客户计费。

工时费用的计算公式是：工时费用 = 工时定额 × 工时单价 × 该车型的技术复杂系数（车型技术复杂系数有的地区未采用）

（3）取车时间。要告知客户预计的交车时间，预计保养时间包括排队等候时间、保养作业时间和洗车时间。其中排队等候时间为可控时段，如果客户不愿等候这一时段，则汽车售后服务顾问可与客户协商，将其转为预约客户。保养作业时间为不可控时段，汽车售后服务顾问要告知客户如果维修项目出现变更，则时间也随之变化。洗车时间为可控时段。

汽车售后服务顾问要告知客户此时的费用和时间均为预计，在保养过程中如果有变化，会与客户及时联系沟通。

4. 专业地回答客户提出的疑问

问题一： 为什么间隔一年更换雨刮器？

答： 雨刮器的作用是在下雨时保持前风挡玻璃清洁透明，保障驾驶员的视野清晰。一般建议一年更换一次，但如果雨刮器的效果还好，也没有老化的现象，是可以延长使用时间的。最主要的还是看雨刮器本身的状态，更换时间还没有到，但是在刮水的过程中，已经有明显刮水不干净的情况存在，就需要进行更换了。及时更换雨刮，可以防止前风挡玻璃被剐花，也为驾驶员在雨天安全驾驶提供保障。

问题二：我的车不经常开，半年也跑不到1万公里，可以等跑够1万公里再保养吗？

答：建议每半年或1万公里进行保养，且以先达到的为准，如果车辆用了半年才跑了2 000公里，也要进行保养。俗话说，生命在于运动，车也一样。不经常使用的车，蓄电池会因为长期的自然放电而性能下降；变速器等传动机件的表面会因为长时间处于与空气直接接触的状态，而影响使用寿命；油类物质随着时间的自然氧化变质等。因此，要使爱车保持良好的状态，并及时保养才能更有利。

问题三：汽车为什么间隔20 000公里或1年更换空调滤芯？

答：空调滤芯可过滤空气中的灰尘，保持车内的舒适环境。频繁使用空调，滤清器会堵塞，导致车内空气流动速度降低，易产生异味。吉利汽车建议1年或20 000公里更换空调滤芯，如是车辆的使用环境较恶劣，建议缩短更换的周期。

问题四：专营店的零件费为什么比外面市场上的贵？

答：为确保您能使用上优质纯正的售后服务配件，我们白云专营店的所有零配件采购都达到4S专营店品牌的质量标准，而在外面市场上的配件来自不同渠道，质量和使用安全得不到保证，安全和品质，是我们对每一位顾客的承诺。

问题五：广州地区的工时费比其他地方的要贵，为什么？

答：因为地区不同，物价水平也会有所不同，我们的收费都是经过广州物价局核定的，不会有乱收费的现象，同时请您放心，我们专营店会给您最好的服务。

问题六：每一年半或者3万公里更换制动液？制动液可不可以不换呢？

答：因为制动液长期在高温高压下工作，在使用一定时间后，会出现沸点降低、吸收空气中的水分、氧化变质等变化，使刹车性能下降，影响刹车总泵和分泵的使用寿命。定期地更换可以使制动系统达到最佳状态，建议根据保养要求进行更换。

问题七：我的车子保养完后，感觉好像没有什么变化？

答：保养是对车辆使用性能的正常维护，可以延长您爱车的使用寿命，让您的爱车一直保持良好的状态。

5. 签字确认

客户确认保养项目、维修项目。在所有问题的疑虑都已经得到解答后，客户签名确认交修。汽车售后服务顾问提供委托维修估价单的第一联给客户作为送修凭证和取车凭证。

6. 是否在店等待

询问客户是在店里的休息室等待，或者外出办事。如果客户去休息室休息，汽车售后服务顾问陪同客户到客休区，然后转交给客休专员提供服务；如果客户选择外出办事，把客户送出门口，并且目送远离。

三、制单服务实施

1. 任务情景

一辆 2018 款吉利帝豪 EV450 纯电动汽车，行驶里程 63 000 公里左右，一周前底盘有过剐蹭。客户张先生按照预约时间来到吉利白云店做保养，已经接待客户并且完成了车辆的检查，作为汽车售后服务顾问的你如何进行制单服务工作？见表 1-2-11。

表 1-2-11 制单服务应对话术

流程内容	话术
引导到服务前台	SA：张先生，您这边请。 SA：您请坐。
核对保养项目	SA：张先生，你的爱车这次做 63 000 公里的保养，车辆在平时使用时没有其他任何异常，对吗？ 张先生：没有。 SA：刚刚我们一起环车检查时发现雨刮器胶条提前老化了，这次要不要一起换了呢？ 张先生：还能用吧？ SA：一般雨刮器是每年更换一次的。距离上次更换的时间是 10 个月，这次检查到雨刮器胶条已经老化了，最近广州是雨季，建议这次就更换了。并且我们的原厂配件确保与玻璃角度一致，紧密贴合；清洁效果好，低噪声工作；耐热、耐寒、耐酸碱，抗腐蚀，不容易老化；同时，原厂配件的使用寿命长，不易剐伤风挡玻璃，可以降低维修更换成本；原厂配件刮水性强，使开车视野清晰，能够保证行车的安全；工作时噪声低，增加驾驶舒适性。原装雨刮器胶条的零件费 88 元，工时费 20 元，共 108 元。 张先生：好吧，那就换吧。
制作单据	SA：请您稍等，我现在为您打印委托维修估价单。 SA：张先生，让您久等了，这是您的爱车这次 63 000 公里保养的委托维修估价单，请您看一下。 张先生：好。

续表

流程内容	话术
说明费用和时间	SA：我现在给您解释一下这次的维修费用。需要检查和调整动力系统、冷却系统、空调系统、制动系统、转向系统等。零件费空调滤芯40元、制动液112元、防冻液216元，雨刮器88元，零件费合计是456元；保养工时费120元，更换雨刮器工时费20元，工时费合计是140元；总费用是596元。 SA：张先生，整个保养过程需要一个半小时，更换雨刮器胶条10分钟，免费洗车半小时，现在是下午3点，大概下午5点10分可以取车。但是，如果在保养过程中有维修项目追加，时间会延长。您放心，任何的追加我们都会通知您，得到您的同意后我们才会维修。 客户：好。 SA：您要求的付费方式是刷卡，对吗？ 客户：对。
解答客户疑虑	SA：张先生，请问还有什么疑虑的地方吗？ 张先生：你们这里的零件费为什么比外面市场上的贵？ SA：是这样的，张先生，为确保您能使用上优质纯正的售后服务配件，我们白云专营店的所有零配件采购都达到全国4S专营店品牌的质量标准，而在外面市场上的配件来自不同渠道，质量和使用安全得不到保证，安全和品质，是我们对每一位顾客的承诺。 张先生：哦，是这样啊，不过你们这里的工时费也比其他地方的要贵啊。 SA：请问张先生您上次是在什么地方做的保养或者维修呢？是在广州的专营店吗？ 张先生：我上次是在江门4S店做的保养。 SA：嗯，那就对了，张先生，因为地区不同，物价水平也会有所不同，我们的收费都是经过广州物价局核定的，不会有乱收费的现象，同时请您放心，我们专营店会给您最好的服务。 张先生：嗯，那好吧。 SA：请问张先生还有什么担心的问题吗？ 张先生：没有了。
签字确认	SA：如果没有什么问题的话，请您在右下角签名。 SA：这是您的提车联。
安排客户等待时间	SA：张先生，现在离取车时间大约有两个半小时，在这段时间里您是要离开，还是到我们休息室里休息呢？ 张先生：我到休息室里坐一会儿吧。 SA：好的，我带您去休息室吧。您请往这边走。

2. 相关单据

填写委托维修估价单，如表1-2-12所示。

表 1-2-12　委托维修估价单

___白云___　专营店　　地址:___广州市白云区**镇**路7号___　　电话:___020-87656**___

客户信息		车辆信息	
姓名:张奇		车牌号:粤A****	VIN码:LHGGD6523J00***
地址:广东省广州市白云区江高镇**路**号		车型:吉利帝豪EV450	
电话:1508808****	颜色:白色　行驶里程:63 005公里	购车日期:2018年5月1日	
报修时间:2021-8-1　15:00 PM		承诺交车时间:2021-8-1　17:10 PM	
故障现象描述		处理方法	
详细检查底盘			

序号	维修内容	工时	工时单价	工时费	付费类别	开票价	备注
1	63000公里保养	2	60	120	定期保养	120	
2	更换雨刮器胶条	0.3	60	20	正常维修	20	
3							
4							
5							
6							
7							
8							

序号	零件名称	零件号	数量	单价	零件费	付费类别	开票价	备注
1	空调滤芯	6T232BC5344239A	1	40	40	定期保养	40	
2	制动液	6T241JL545423DM	1	112	112	定期保养	112	
3	防冻液	6T334HK6344234A	1	216	216	定期保养	216	
4	雨刮器胶条	6T254FL545423JM	1	88	88	正常维修	88	
5								
6								
7								
8								
9								
10								
11								

维修费用预估	总计:	596	如果您同意本委托维修估价单的预估费用,请签字确认!本费用为预估费用,实际费用以《车辆维修结算单》为准。	客户签字:张奇	服务代表签字:陈媛媛
	工时费:	140			
	零件费:	456			
	其他费用:	0			

一式两联:客户(代提车联,提车时收回)、客户服务代表各一联。

任务 2.4 休息引导

任务导入

一辆 2018 款吉利帝豪 EV450 纯电动汽车，行驶里程 63 000 公里左右，客户电话预约了今天保养，上周车辆底盘有剐蹭，希望能仔细检查底盘。已经接待客户并且完成了车辆的检查和委托维修估价单解释工作，客户打算在店等待提车，你应该如何进行休息引导服务？

知识链接

一、休息引导的目的

为客户提供一个舒适的休息环境，消除客户维修等待中的焦虑感，给客户带来愉悦的维修体验。利用客户维修等待时间，向客户宣传专营店的产品和服务，并了解客户对专营店的整体满意情况。

二、休息引导流程

休息引导流程如图 1-2-6 所示。

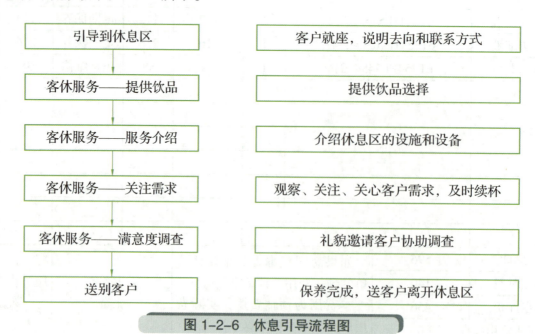

图 1-2-6 休息引导流程图

三、休息引导的要点

汽车售后服务顾问引导客户入休息室，使用引导手势，协助客户入座。向客户介绍客休专员，说明自己先去为客户的爱车派工进行保养，如果有事情需要找汽车售后服务顾问，可以电话联系。

客休专员热情、主动地为客户提供免费饮品，为客户进行环境介绍，介绍客休区各个区域的功能，给客户提供爱车使用养护小册子、爱车精品季度促销手册，或者给客户推送专营店的小程序或者公众号。随时观察、细心发现客户的需求，并及时续杯，一般倒茶7分满。

客休专员对烟灰缸、茶杯及时清理，座椅位置、看过的杂志、报纸及宣传品及时归位。对精品促销信息，租赁、保险及二手车等业务熟悉，能为客户解答相关的疑问。

礼貌邀请进行客户满意度调查，收集客户意见，提高专营店服务水平。

客户离开时，微笑、礼貌地送客户离开客休区。

四、NFABI销售法则

N（Need）发现客户的需求；F（Features）讲解产品的基本性能和特点；A（Advantages）说明产品在使用的过程中起到什么样的作用；B（Benefits）解释客户使用产品后获得的好处；I（Impact）设定场景演示亮点，加快客户作出购买决策。

案例一（有通气结构的光丝材料全天候座椅）

N 需求：张先生反映真皮座椅经过暴晒，表面非常炎热。

F 特性：有通气结构的光丝材料全天候座椅。

A 优势：夏天暴晒时能阻隔一部分热量，通气结构，能使空调迅速地发挥作用，使座椅凉下来。冬天时表面网状的结构会尽快地吸收热量，改善乘坐环境。

B 利益：冬天防冻，夏天驱热，彻底改善乘坐环境，无论什么时候我们坐在座椅上都会感到很舒服。

I 冲击：原厂精品配件，无论是式样还是色调，它都与原车的内饰完美协调匹配。我们一起去看看和试坐感受一下。

案例二（汽车精品——日间行车灯）

N 需求：张先生见到朋友开的车有日间行车灯，很好看。

F 特性：精品配件日间行车灯采用高亮LED灯组设计。

A 优势：日间行车灯除了有装饰作用，它还可以使对向的车辆轻易识别，特别是在阴雨和雾霾天气。

B 利益：日间行车灯将美观与安全完美结合，在提高行车安全性的同时，独特亮眼的造型设计还提升了车辆的辨识度和档次感。

I 冲击：原厂精品配件，专车专用，专业技师安装，有质量地保证与原车完美协调匹配。您开着安装有日间行车灯的车在路上会吸引多少羡慕的眼球。

案例三（空调灭菌套餐）

N 需求：张先生反映空调有异味。

F 特性：空调灭菌套餐是采用空调灭菌剂喷洒在蒸发器表面上，从而达到杀灭细菌及真菌的效果，并能起到长效抑菌作用。

A 优势：原厂空调灭菌材料经过厂家试验，对车辆无副作用；能更快速杀死细菌，清除异味，持续更久，在空调系统内生成深化保护膜，有效防止脏物黏附；专业设备，专业技师，确保灭菌效果更彻底。

B 利益：灭菌后可以保持车厢内的空气清新；保障了驾乘人员的身体健康，车厢内环境更加舒适；延长鼓风机寿命，降低空调系统出现故障的概率，节省维修成本。

I 冲击：现在夏天将至，很多客户都做这个套餐，我们可以去那边的维修展示区看专业技师使用专业设备进行空调灭菌，专业、专注、专心，做完空调灭菌之后车内空调异味也就消除了。

五、休息引导实施

1. 任务情景

一辆2018款吉利帝豪EV450纯电动汽车，行驶里程63 000公里左右，一周前底盘有过剐蹭。客户张先生按照预约时间，来到吉利白云店做保养，已经接待客户并且完成了车辆的检查和制单服务，汽车售后服务顾问和客休专员如何完成休息引导服务？见表1-2-13。

表1-2-13 休息引导应对话术

流程内容	话术
引导客户到休息室	SA：张先生，您请坐。 SA：这位是客休专员小秦，小秦，这位是我们的客户张先生。 客休专员：张先生您好，我是客休专员小秦。 SA：张先生，您先在这里休息一下，我先去为您的爱车保养派工，如果有什么问题可以随时到前台找我，或者给我打电话。 客户：好的。

续表

流程内容	话术
客休服务——提供饮品	**客休专员：** 张先生，我们这里免费提供咖啡、茶、矿泉水、雪碧等饮料，还有一些饼干、蛋糕等糕点，请问您需要来点儿什么？ **客户：** 给我来杯茶吧。 **客休专员：** 好的，张先生这是您的茶，请慢用。 **客户：** 谢谢。
客休服务——服务介绍	**客休专员：** 不客气，张先生，您的右前方杂志架上有最新的汽车杂志，您有兴趣可以看一下。那边是免费上网区和健身区，还有按摩椅，您要是觉得累的话可以去按摩一下，放松筋骨。右方的电视正播放着最新的电影。右后方的玻璃墙可以看到维修车间里面的情况。左前方是精品展示区，展示着最新的原装精品，如果您感兴趣可以去看看。出门左走是洗手间。 **客户：** 谢谢。 **客休专员：** 张先生，这本是吉利白云专营店的爱车精品季度促销手册，您可以看看。另外我们这里的Wi-Fi名字是白云专营店，密码是6个8。门口的右边是服务前台，如果有需要的话请随时叫我。 **客户：** 好的。（15分钟后）
客休服务——关注需求	**客休专员：** 张先生，请问您是续杯还是换别的其他饮料？ **客户：** 给我续杯吧。 **客休专员：** 好的，张先生请慢用。 **客户：** 这个坐垫挺不错的，能为我介绍一下吗？ **客休专员：** 张先生，这个坐垫是我们店回馈客户特价优惠精品，它不仅外表美观，而且舒适耐用。对于长时间驾驶的人来说，舒适的座椅能更好地缓解疲劳，另外它还能够防止座椅被其他利器划破，保护你爱车的座椅。质美价优，只要360元。 **客休专员：** 张先生，您是否需要购买一套呢？ **客户：** 我考虑一下。 **客休专员：** 好的。
客休服务——满意度调查	**客休专员：** 张先生，为了提高我们的服务质量，我们正在收集大家的意见和建议，您的意见对我们很重要，您能花费几分钟帮助我们做一下问卷吗？ **客户：** 好的。 **客休专员：** 感谢您对我们工作的支持，我们会根据您的意见和建议改进我们的服务水平，谢谢您的配合。
送别客户	**SA：** 您好，张先生，您的爱车已经修好了，我们一起去验车。 **客户：** 好的。 **客户：** 我先走了。 **客休专员：** 张先生，再见。

乙. 相关单据

填写客户满意度调查问卷，如表 1-2-14 所示。

表 1-2-14　客户满意度调查问卷

吉利白云　　专营店客户满意度问卷调查
非常感谢您光临 吉利白云 专营店！为了了解您对我们的服务的满意程度及建议，使我们的服务更能满足您的需求，现需花费您几分钟的时间，将您的意见、要求填入以下调查表。谢谢！
填写人：__张__ 先生/女士　来店时间 __2021__ 年 __8__ 月 __1__ 日 __15：00__
1. 当您的车辆该做定期保养时，售后服务人员有没有提醒您？ 　□A. 没有　　☑B. 有
2. 当您到达到接车通道时，等了多长时间才有人来接待您？ 　☑A.30 秒内　　□B.1 分钟内　　□C.1 分钟以上
3. 您的车子本次保养，能清楚每个项目的具体费用吗？ 　☑A. 能　　□B. 不能
4. 你会去表扬 SA 的服务态度吗？ 　☑A. 会　　□B. 不会
您的建议：专营店的维修保养服务，还需要在哪些方面做出改进，才能令您满意呢？您认为该专营店还有哪些方面的工作需要改进，做到更好？ __其他都很好，如果收费可以更优惠就更好了。__

任务 3　修后交车

任务目标

1. 能说出车辆跟进、追加服务、质检、交车工作的流程和操作要点。
2. 能规范制作委托维修估价单、车辆维修结算单。
3. 能根据保养进度独立执行车辆跟进工作任务。
4. 能按照客户需求执行追加工作。
5. 能按照工作标准独立执行交车工作任务。

任务 3.1 追加服务

任务导入

一辆 2018 款吉利帝豪 EV450 纯电动汽车，行驶里程 63 000 公里左右，一周前底盘有过剐蹭。客户张先生按照预约时间来到吉利白云店做保养，同时希望能仔细检查底盘。汽车售后服务顾问为张先生制作完委托维修估价单后，引导其到休息室休息。作为汽车售后服务顾问，应该如何跟进车辆，应该如何根据客户需要执行追加服务工作？

知识链接

一、车辆派工与跟进认知

汽车售后服务顾问将保养车辆移至待保养区，将车辆、车钥匙、委托维修估价单等移交给车间主管或者调度员并告知车主的要求。车辆进入车间后，车间调度员在第一时间派工。

由于车间负荷、工位、人员、备件等多方面因素的影响，车辆保养时间会有所变化，因此汽车售后服务顾问需要关注车间的保养工作情况，确保能及时交车。若不能准时交车需要及时告知客户，避免引起客户抱怨或投诉。车辆跟进工作需要注意以下事项。

（1）及时更新查看进度看板表，了解保养进度情况，如表 1-3-1 所示。

（2）在保养预计工期进行到 50% 的时候到车间询问是否发现新的车辆故障。

（3）在保养预计工期进行到 70%~80% 的时候询问保养任务完成情况、有无异常状况，如有异常应立即采取应急措施，尽可能不拖延交车时间。

（4）在预计交车时间前 10 分钟，去车间了解保养（含洗车）是否全部完成。

表 1-3-1 进度看板表

序号	车牌号	客户姓名	派工单号	进厂时间	预交车时间	备注
1						
2						
3						
4						
5						
6						

续表

序号	车牌号	客户姓名	派工单号	进厂时间	预交车时间	备注
7						
8						
9						
10						
11						
12						
13						
14						
15						
16						
汽车售后服务顾问：				时间：	年 月 日	
备注：汽车售后服务顾问每接完一台车，填写进度看板表，交车后及时擦掉信息						

二、追加服务工作流程

追加服务是指维修技师在给车辆进行保养时发现有新的故障状况，汽车售后服务顾问将新故障状况、维修技师的维修建议如实告知客户，最后征求客户的意见进行追加服务。

追加服务的工作流程如图 1-3-1 所示。

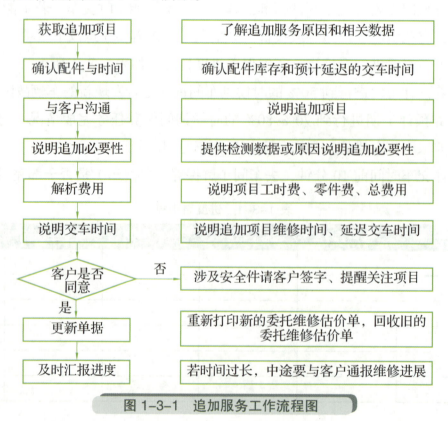

图 1-3-1 追加服务工作流程图

三、追加服务行动要点

1. 说明追加必要性

（1）说明故障问题或故障现象。

（2）说明引起故障问题或故障现象的原因、提供维修技师的检测数据。

（3）结合故障原因，为客户提供合理的解决方案。

（4）征求客户的意见，由客户决定是否需要追加服务。

2. 更新单据

（1）客户如在现场，请客户签字确认，回收原委托维修估价单，提供新的委托维修估价单，强调新的交车时间。

（2）客户若不在现场，可通过电话、短信、微信等方式确认客户是否同意追加服务，并在客户提取车辆时在新的委托维修估价单上补写签名。

四、追加服务实施话术

1. 任务情景

一辆2018款吉利帝豪EV450纯电动汽车，行驶里程63 000公里左右，一周前底盘有过刮蹭。客户张先生按照预约时间来到吉利白云店做保养，同时希望能仔细检查底盘。汽车售后服务顾问为张先生制作完委托维修估价单后，引导其到休息室休息。作为汽车售后服务顾问，应该如何跟进车辆，应该如何根据客户需要执行追加服务工作？追加服务应对话术如表1-3-2所示。

表1-3-2 追加服务应对话术

流程内容	话术
跟进保养进度 （关注保养进展与作业完工情况）	客户姓名：张奇 电话：1508808**** 车型：吉利帝豪EV450纯电动汽车 车牌粤AD345** SA：刘师傅，我来了解一下，张先生的车维修保养进展怎样？ 刘师傅：张先生的车的刹车片磨损比较严重，需要更换，你需要与客户沟通一下。
获取追加项目 （了解追加原因和相关数据）	追加项目原因：刹车片磨损严重 相关数据：刹车片更换标准是磨损2毫米 车主的刹车片：磨损2.05毫米，超过磨损范围
确认配件与时间 （确认配件库存和预计延迟的交车时间）	与仓库核实库存情况：有 ☑　无 ☐ 与维修技师确认需延迟交车0.5小时

续表

流程内容	话术
与客户沟通 （说明追加项目）	SA：张先生，在保养过程中，技师发现您的爱车的后刹车片已经磨损得比较厉害了。
说明追加必要性 （提供检测数据或原因说明追加项目的必要性）	SA：规定刹车片的更换标准是磨损2毫米，您的后刹车片已经磨损到2.05毫米了，已经等不到下次保养的时候再更换了。理论上，正常行驶的情况下，刹车片的寿命为3~5万公里，所以，建议每3万公里检查一次刹车片。 客户：我听说这车有能量回收系统，刹车片没那么容易磨损的，为啥我的那么快就要换了，前两次刚换完前刹车片，这次又换后刹车片？ SA：张先生您说得很对，新能源汽车刹车是有能量回收功能，一般来说，刹车片比燃油汽车更加耐用。但是具体还是得看用车和路况情况，如果路况不好，水、砂、石较多，经常刹车等情况都会加剧刹车片的磨损。您经常开车的路段是不是比较差？ 客户：确实如此，我们这有段路途修路，路况很糟糕。 SA：这就对了，路况糟糕，开开停停会加速磨损刹车片的，刹车片是汽车制动系统的关键部件。不及时更换刹车片，会威胁到我们的行车安全。如果达到了更换极限的时候，露出刹车片附着的金属片会与刹车碟金属摩擦，引起刹车碟的损坏，造成更大的经济损失。所以，我们技师建议您更换刹车片。
解析费用 （详细说明更换项目工时费、零件费、总费用）	客户：这个多少钱呀？ SA：一对刹车片零件为168元，工时费为30元。 客户：好吧，换吧。 SA：张先生，更换刹车片零件费和工时费合计为198元。
说明交车时间 （说明追加项目需要的维修时间、延迟交车时间）	SA：更换刹车片需要30分钟，下午5点40分就可以过来取车了。 客户：好的。 SA：好的，张先生，我们追加刹车片维修项目，换下来的旧件到交车时会和您确认的。我现在就为您更新委托维修估价单。 客户：好的。
更新单据 （重新打印新的委托维修估价单、回收原委托维修估价单）	SA：张先生，为您重新打印了委托维修估价单，您看一下，如果没问题的话签字确认一下。 客户：好的，没问题。 SA：好的，新的委托维修估价单您收好，麻烦您把那张旧的委托维修估价单给我。 客户：好的。
及时汇报进度 （追加服务比较长的，中途要与客户通报维修进展）	SA：张先生，您的爱车正在清洗，30分钟后就可以交车了，您稍等。 客户：好的，谢谢。

2. 相关单据

委托维修估价单填写，如表1-3-3所示。

表 1-3-3　委托维修估价单

___白云___　专营店　　　地址：广州市白云区**镇**路 7 号　　　电话：020-87656**

客户信息		车辆信息	
姓名：张奇		车牌号：粤 AD345**	VIN 码：LHGGD6523J00****
地址：广东省广州市白云区江高镇**路**号		车型：吉利帝豪 EV450	
电话：1508808****	颜色：白色　行驶里程：63 005 公里	购车日期：2018 年 5 月 1 日	
报修时间：2021-8-1　15：00 PM		承诺交车时间：2021-8-1　17：40 PM	
故障现象描述		处理方法	
详细检查底盘		常规保养	

序号	维修内容	工时	工时单价	工时费	付费类别	开票价	备注
1	63 000 公里保养	2	60	120	定期保养	120	
2	更换雨刮器胶条	0.3	60	20	正常维修	20	
3	更换刹车片	0.5	60	30	正常维修	30	
4							
5							
6							

序号	零件名称	零件号	数量	单价	零件费	付费类别	开票价	备注
1	空调滤芯	6T232BC5344239A	1	40	40	定期保养	40	
2	制动液	6T241JL545423DM	1	112	112	定期保养	112	
3	防冻液	6T334HK6344234A	1	216	216	定期保养	216	
4	雨刮胶条	6T254FL545423JM	1	88	88	正常维修	88	
5	后刹车片	6T734GK5798284M	1	168	168	正常维修	168	
6								
7								
	11							

维修费用预估	总计：	794	如果您同意本委托维修估价单的预估费用，请签字确认！本费用为预估费用，实际费用以《车辆维修结算单》为准。	客户签字： 张奇	服务代表签字： 陈媛媛
	工时费：	170			
	零件费：	624			
	其他费用：	0			

一式两联：客户（代提车联，提车时收回）、客户服务代表各一联。

任务 3.2 交车准备

任务导入

一辆 2018 款吉利帝豪 EV450 纯电动汽车，行驶里程 63 000 公里左右，一周前底盘有过剐蹭。客户张先生按照预约时间，来到吉利白云店做保养，同时希望能仔细检查底盘。维修技师在保养中发现后刹车片磨损比较严重。按照客户的要求，现在车辆已经维修保养完成并进行了终检，将车辆交给客户前，汽车售后服务顾问应该做好哪些准备工作？

知识链接

一、车辆质检

车辆终检是为了保证维修保养质量，力争将问题控制在公司内部，保证按时交车率和一次性修复率，降低返修率，提高客户满意度。保养完工后要进行三级检验，如表 1-3-4 所示。

表 1-3-4 车辆质检的三级检验

检验步骤	责任人	工作注意事项
第一级检验	维修技师自检班组互检	根据派工单逐项检查是否有遗漏
第二级检验	质检员终检	1. 质检返工时，出具质量检验不合格报告，确定原因，提供解决办法，质检返工导致延迟交车要及时通知客户。汽车售后服务顾问应向客户道歉并重新约定交车时间。 2. 质检合格后，质检员依据本次维修情况，填写维修保养质检表和维修建议，并签名（涉及的各项单据需要保持干净整洁，维修技师未清洗双手不得触碰表单）。 3. 车辆完成终检后，工作人员对车辆进行清洗、吸尘。完工车辆以车头朝外方式，关好门窗，停至"车辆竣工区"
第三级检验	汽车售后服务顾问检验	详情见下文"交车准备工作流程""交车准备行动要点"

二、交车准备工作流程

交车准备工作流程如图 1-3-2 所示。

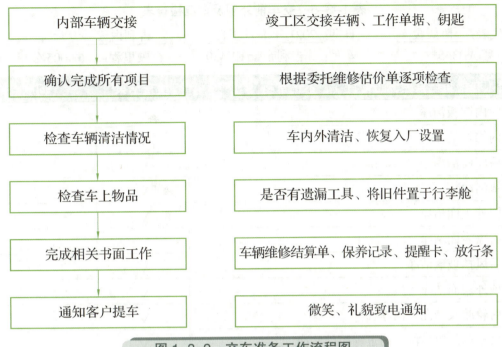

图 1-3-2 交车准备工作流程图

三、交车准备行动要点

1. 车辆内部交接

（1）汽车售后服务顾问接到车间主管的车辆竣工通知后，应立即前往车辆竣工区进行车辆交接。

（2）接收工作单据——检查保养维修项目的书面记录、表单表据，维修技师和质检员签字确认信息。

2. 检查车辆清洁情况

汽车售后服务顾问按照交车前外观及车况检查表，如表 1-3-5 所示，核对进厂时的外观检查记录表，核对车辆内外清洁情况，漆面剐花情况，并将座椅位置、音响、后视镜、时间、电台频道等恢复到入厂状态，关闭音响、空调。

3. 检查车上物品

（1）检查是否有工具、维修器材、螺母、螺栓、抹布等遗漏在发动机舱、车室、行李舱内。

（2）确认从车辆上更换下来的旧、废件是否置于行李舱，旧、废件如有水渍、油渍，须先以专用塑料袋包装好后，再放入纸质手提袋内，以防弄脏客户车辆。

表 1-3-5　交车前外观及车况检查表

客户服务代表：__陈媛媛__　　日期：__2021 年 8 月 1 日__　　__吉利白云__ 专营店
车牌号：__粤 AD345*__*　　车型：__吉利帝豪 EV450__　　行驶里程：__63 005 公里__

	项目（在检查结果栏，正常打√，不正常打 ×）	检查结果	问题点描述
外观检查	四门内饰板洁净	√	
	顶内饰板洁净	√	
	前后座椅洁净	√	
	脚垫洁净	√	
	四门外表面洁净	√	
	前后盖表面洁净	√	
	前后风挡玻璃洁净	√	
	车顶外表面洁净	√	
	前后轮胎及挡泥板洁净	√	
	钣喷车辆的钣喷位置附近缝隙处洁净	√	
车况检查	音量大小恢复到原来设置	√	
	收音机恢复常用频道设置（涉及断开蓄电池维修）	√	
	座椅和方向盘位置保持不变	√	
	驾驶室内物品归位（特别是拆装仪表台操作后）	√	
	倒车影像功能正常	√	
	车辆钥匙功能正常	√	
	车辆供电功能正常	√	
	车内附件（点烟器天线，备胎工具包等未缺失）	√	
	烟灰缸清理干净	√	
	仪表台各电器处于关闭状态	√	
	帮客户校对时钟时间（若有变动向客户说明）	√	
其他确认	三件套当客户面取下		
	询问客户是否带走剩余物品（旧件）		
	将客户代为托管的物品交给客户		
	轿车材料交齐（特别是出险车辆）		

汽车售后服务顾问签名：陈媛媛　　　　　　　　　　　　　　　　时间：2021 年 8 月 1 日
客户签名：　　　　　　　　　　　　　　　　　　　　　　　　　时间：　　年　月　日

4. 完成相关书面工作

（1）车辆维修结算单。

（2）汽车售后服务顾问利用维修管理系统打印车辆维修结算单，如表 1-3-6 所示。汽车售后服务顾问应仔细核对车辆维修结算单与委托维修估价单内容是否一致，核查各项收费合计无误。

表 1-3-6 车辆维修结算单

白云 专营店	地址：广州市白云区 ** 镇 ** 路 7 号		电话：020-87656**

客户信息		车辆信息	
姓名：张奇		车牌号：粤 AD345**	VIN 码：LHGGD6523J00****
地址：广东省广州市白云区江高镇 ** 路 ** 号		车型：吉利帝豪 EV450	
电话：1508808****	颜色：白色 行驶里程：63 005 公里	购车日期：2018 年 5 月 1 日	
报修时间：2021-8-1 15：00 PM		承诺交车时间：2021-8-1 17：40 PM	
建议维修项目			

序号	维修内容	工时	工时单价	工时费	付费类别	开票价	备注
1	63 000 公里保养	2	60	120	定期保养	120	
2	更换雨刮胶条	0.3	60	20	正常维修	20	
3	更换刹车片	0.5	60	30	正常维修	30	
4							
5							
6							
7							

序号	零件名称	零件号	数量	单价	零件费	付费类别	开票价	备注
1	空调滤芯	6T232BC5344239A	1	40	40	定期保养	40	
2	制动液	6T241JL545423DM	1	112	112	定期保养	112	
3	防冻液	6T334HK6344234A	1	216	216	定期保养	216	
4	雨刮器胶条	6T254FL545423JM	1	88	88	正常维修	88	
5	后刹车片	6T734GK5798284M	1	168	168	正常维修	168	
6								
7								
8								

维修费用预估	总计：	794	结算费用	应收：	794	客户签字：张奇	服务代表签字：陈媛媛
	工时费：	170		工时费：	170		
	零件费：	624		零件费：	624		
	其他费用：	0		其他费用：	0		

一式三联：客户、客户服务代表、财务各一联。

共 1 页 第 1 页

（3）保养记录。汽车售后服务顾问将保养相关信息记录在保养手册中，并加盖经销商印章。保养记录能帮助维修技师更加快速、准确地了解车辆保养状况、历史维修，为以后车辆保养做出合理建议；同时质量担保车辆必须按照保养手册和维修手册的要求在4S店进行定期检查保养，保养记录是车辆质量担保的非常重要的凭证，定期保养记录如图1-3-3所示。

图1-3-3 定期保养记录

（4）保养提醒卡。吉利新能源汽车保养间隔为6个月或者1万公里，先到为准。各品牌保养周期略有不同，保养提醒卡用于提醒客户下次的保养时间及保养里程，如图1-3-4所示。

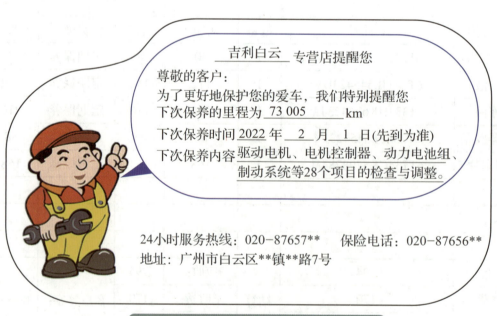

图1-3-4 保养提醒卡

（5）放行条。放行条由汽车售后服务顾问填写并盖章，如图1-3-5所示。

图1-3-5 吉利白云店汽车放行条

（6）通知客户提车。交车准备工作做好后，汽车售后服务顾问面带微笑，礼貌致电客户通知客户取车，话术如下：

> SA：您好，张先生，我是您的汽车售后服务顾问小陈。
> 客户：您好。
> SA：您的粤AD345**爱车已经完成保养了，现在您方便下来和我一起确认一下吗？
> 客户：太好了，我现在下去。
> SA：我在前台等您。再见。
> 客户：再见。

任务3.3 交车结算

任务导入

客户张先生的爱车——2018款吉利帝豪EV450纯电动汽车，在吉利白云店做完63 000公里保养了。汽车售后服务顾问已经通知张先生取车，作为汽车售后服务顾问，如何进行交车结算工作任务？

📝 知识链接

一、交车结算目的

汽车售后服务顾问在交车结算工作中向客户展示保养或维修的成果，并解释维修保养的费用，向客户表明所有服务项目已经圆满结束，让客户高兴、顺利地离开，从而提升客户满意度，有利于培养忠诚客户。如果客户对服务有任何不满，交车结算环节能及时发现、消除不满，降低客户投诉的可能。

二、交车结算工作流程

交车结算工作流程如图 1-3-6 所示。

图 1-3-6　交车结算工作流程图

三、交车结算工作行动要点

1. 成果展示

（1）向客户展示保养和维修效果，证明问题已经解决，展示的方法可为：您车子的××故障是××原因造成的，我们已经做了××处理。

（2）展示洗车的清洁度。

（3）告知车内所有设置都还原到接车时的状态。

（4）展示说明更换下来的旧件。

（5）正确解释客户关心的车辆其他方面的问题。

（6）根据客户的用车情况给客户提供用车小知识。

2. 归还物品

归还保养手册，向客户说明保养手册已盖章，按时保养可以享受保修服务，整车保修为3年或12万公里，三电系统保修期为8年或15万公里，二者先到为准。

3. 引导出厂

（1）当面取下维修保护套，让客户感受到车间维修人员会爱护他的车辆。

（2）提供放行条，请客户上车，并提醒客户系好安全带。

（3）挥手道别，欢送客户离店，直到车辆离开视线。

四、交车结算实施话术

1. 任务情景

客户张先生的爱车——2018款吉利帝豪EV450纯电动汽车，在吉利白云店做完63 000公里保养了。汽车售后服务顾问已经通知张先生取车，作为汽车售后服务顾问，如何执行交车结算工作？交车结算应对话术如表1-3-7所示。

表1-3-7 交车结算应对话术

流程内容	要点或话术
引导至交车区（说明验收车辆）	SA：张先生您好，让您久等了，您的爱车已经保养好了，我们一起去看看车吧，您这边请。 客户：好的。
成果展示（保养项目、追加服务、旧件展示）	引导客户到车前方，打开发动机舱盖。 SA：您的爱车这次做了63 000公里的保养，整车做了全面检查，包括了动力电池系统、电机系统、电器电控系统等9个系统的检查与调整，请您放心行驶。为您更换了防冻液，您看，防冻液的量也是符合标准的。同时更换了空调滤芯，更换了制动液，雨刮水也帮您添加到了规定的量，稍后给您看一下更换下来的旧件。 客户：好的。 引导客户到车侧方。 SA：所有的门锁及铰链、座椅及滑道都为您加注了润滑脂，您用起来会更好、更顺畅的。 客户：太感谢了！

续表

流程内容	要点或话术
成果展示 （保养项目、追加服务、旧件展示）	SA：这次保养我们给您的爱车的各个胎压都调整到合适的压力了，包括备胎的胎压也做了调整。您平时行车的时候也要留意一下，合适的胎压既对行车安全至关重要，也影响着续航里程。（展示胎压） 客户：好的。 引导客户到车尾部。 SA：车辆在保养过程中，维修技师发现后刹车片磨损到极限，已经为您更换了新的刹车片。 SA：张先生，我们一起去看看换下来的旧件（打开行李舱），这是更换下来的刹车片，您看，已经磨损得很薄了，再继续使用，等到下次保养再换的话就会影响刹车安全了。这是更换下来的空调滤芯，空调滤芯能吸收粉尘颗粒，减轻呼吸道疼痛，减少对过敏者的刺激，行车更加舒适。空调滤芯用久了，就没办法吸收粉尘了。更换防冻液、制动液的旧油液，我们已经帮您回收了。 客户：谢谢。 SA：不用客气，这是我们应该做的。这些旧件稍后我们会按照您的要求帮您处理。 引导客户到车内。 SA：（打开车门）车内所有设置都还原到接车时的状态，让您的爱车使用起来还是像以前一样顺手。另外，车内我们也已经帮您做了清洁处理。 客户：谢谢！ SA：张先生，还有什么用车疑虑吗？ 客户：没有了。
车辆维修结算单解释说明 （保养内容、零件费、工时费、总费用）	SA：张先生，那我们回到前台，为您解释一下费用问题，您请坐。 客户：谢谢。 SA：麻烦您提供一下委托维修估价单。 客户：好的。 SA：张先生，这是您的结算清单，63 000公里的保养为您的爱车做了全面的检查和调整，更换了空调滤芯、制动液、防冻液、刹车片，同时还添加了雨刮水、润滑脂。我为您解释一下保养费用，零件费：空调滤芯40元、制动液112元、防冻液216元、雨刮器88元，刹车片168元，零件费合计是624元；保养工时费120元，更换雨刮器工时费20元，更换刹车片工时费为30元，工时费合计是170元；总费用是794元，请您过目一下。 客户：没问题。 SA：如果您没有什么疑问的话请在右下角签个名。
说明下次保养 （时间和公里数、提供保养提醒卡）	SA：这个是保养提示卡，您下次的保养时间在6个月后或者里程到达73 005公里，二者先到为准，下次保养的话您也可以像这次一样提前预约，享受快捷保养。 客户：好的。

续表

流程内容	要点或话术
陪同客户结账（引导至财务）	SA：好的，张先生，我们一起去财务中心结账。 客户：好的。 SA：我们这里支持刷卡、现金、微信、支付宝支付。请问您用哪种方式支付？ 客户：我刷卡支付，谢谢。
约定回访（回访时间3天以内、确定回访方式）	SA：我们会在3天内电话回访您，了解一下您的汽车使用情况，请问您什么时候方便呢？ 客户：上午吧。 SA：好的，那我们会在后天的上午联系您。
归还物品（保修手册、车钥匙、联络表）	SA：张先生，这是您的保养手册，已经盖好保养章了，按时保养可以享受保修服务，整车保修为3年或12万公里，三电系统保修期为8年或15万公里，先到为准。这是我们的售后服务小册子，我们的专营店在这个位置，这里有联系电话。您有任何的用车疑问可以随时联系我们。（装在袋子里一起交给客户）
引导出厂（取下维修保护套，提供放行条、致谢）	SA：张先生，我为您取下维修保护套。（30s内完成） SA：张先生，请上车吧，这是放行条，您出门的时候给保安就可以。 SA：请系好安全带，感谢您的光临，祝您用车愉快，一路平安。

任务4 客户关怀

任务目标

1. 能执行常规的客户回访工作。

2. 能介绍客户投诉处理的工作流程及行动要点。

3. 能耐心倾听客户关心的问题和抱怨、核实投诉事实并找出原因。

4. 根据客户的投诉作出合理的处理方案、与客户协商拟出处理方案，完成客户投诉处理任务。

5. 能规范填写客户回访记录表。

任务 4.1 客户关怀

任务导入

一辆 2018 款吉利帝豪 EV450 纯电动汽车，行驶里程 63 000 公里左右，两天前到店做完保养。作为售后服务顾问（回访专员）的你如何执行售后回访工作？

知识链接

一、客户满意度

客户满意度也叫客户满意度指数，就是客户购买某一产品或服务与其期望值相比较后得出的指数，用公式表示为：客户满意度 = 购买后体验 – 客户期望，客户满意度分析如图 1-4-1 所示。

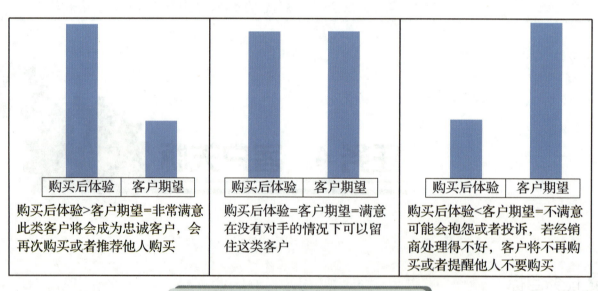

图 1-4-1　客户满意度分析

二、客户关系管理

1. 客户关系管理的概念

客户关系管理是保持和增加可获利客户的方法和过程，是以客户为中心，通过"一对一"营销原则，满足不同客户的个性化需求，提高客户的忠诚度和保有率，实现客户价值持续贡献，从而全面提升企业盈利能力。

2. 客户关系管理的内容

（1）建立客户档案。客户来公司维修保养或咨询的，应在相关手续办理完毕后将客户的有关信息以表格形式整理、建档并妥善保管。

客户档案资料的内容包括客户姓名、电话、地址、车架号（VIN）、车牌号、车型、维修保养记录、下一次保养时间、客户意见等相关信息，具体参考"表1-1-3 客户档案资料"。

（2）会员管理。制定一套合理的会员制度，可以收集新客户，留住老客户，是客户关系管理中常见的有效手段，如表1-4-1所示。

表 1-4-1 会员管理制度

项目	具体实施内容
会员办理	会员办理分VIP会员卡、银卡、金卡等各级别卡种，会员一卡一车；每个级别的会员卡享受的服务不同
会员级别管理	不同级别的会员卡可以享受不同的套餐，每个套餐包含相应的工时项目
会员折扣管理	会员级别不同，享受不同的折扣工时费或者配件费
会员积分管理	会员消费后根据消费金额自动积分，一定的积分可以抵扣工时或者兑换汽车精品

（3）回访管理。保养后的3个工作日内，回访专员需要回访客户，目的是及时发现客户的不满或者抱怨，避免客户将其不满散播引起更大的损失；同时及时发现售后服务中心的不足，从而采取针对性培训与改进，整体提升售后服务质量与水平。

（4）短信群发。短信群发是重要的会员管理制度之一，如表1-4-2所示。

表 1-4-2 短信群发

项目	实施任务
保养提醒	提醒客户预约做保养，目的是提醒客户提前安排好时间给车辆做定期保养，避免客户的流失
保险、年检提醒	客户因太忙忽略续保或年审，将带来麻烦，温馨提醒能给客户带来舒心的体验，提高客户满意度。可以提前1个月给客户发送提醒短信，例如，尊敬的刘先生，您的车辆应在4月年审，请提前与本店联系代您办理，吉利白云店热线电话020-87657**
驾驶提醒以及季节性的关怀	根据天气变化为客户发送提醒，雨雪天气，减速慢行；雨天开车前检查雨刮器，确保正常操作；季节性变化驾驶注意事项等
节日祝福短信	逢年过节、客户生日时，给客户发送祝福短信，增进与客户的感情，提高忠诚度。例如，尊敬的刘先生，今天是您的生日，我代表吉利白云店祝您生日快乐，愿您幸福直到永远，快乐平安与您同在

（5）答谢活动。通过宴会、发布会、座谈会等方式答谢客户，为新老客户创造沟通的平台，巩固与客户的关系，提高企业知名度的同时，还拉进了与客户的距离，促进双方长远合作。

（6）紧急救援服务。建立紧急救援服务，建立24小时值班制度，设立救援电话，并让客户知道救援电话,设立紧急救援车辆,可提供以下救援服务,如表 1-4-3 所示。

表 1-4-3 紧急救援服务

服务项目	服务内容
在线指导	车辆因故障无法正常使用时,免费提供在线指导(视频、电话),指导客户解决问题
紧急修理	车辆因故障无法正常行驶时,免费提供紧急修理服务
拖车服务	对于现场没法修复的车辆或者没电的车辆,提供拖车服务
更换备胎	车辆因轮胎无法行驶时,免费提供更换备胎服务(车主需备完好备胎)
保险咨询	当被保险人的车辆发生交通事故时,为被保险人提供有关最初事故处理方面的信息咨询服务

三、客户回访

1. 客户回访的目的

保养后的 3 个工作日内,需要与客户进行一次沟通,目的是及时发现客户的不满或者抱怨,并跟踪处理,避免客户将其不满散播引起更大的损失;同时及时发现售后服务中心的不足,从而采取针对性培训与改进,整体提升售后服务质量与水平。

2. 客户回访的流程

客户回访的流程如图 1-4-2 所示。

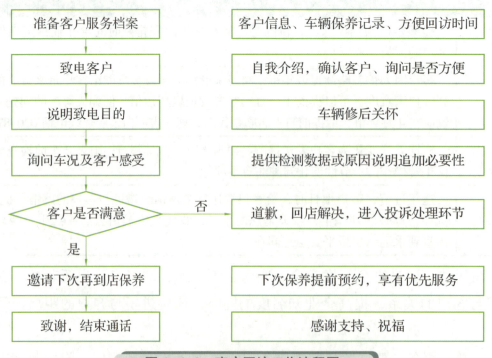

图 1-4-2 客户回访工作流程图

3. 客户回访的行动要点

（1）致电时机。保养后的 3 个工作日内拨打回访电话，打电话应尽量避免客户的休息时间、会议高峰、活动高峰，9:00—12:00，15:00—17:00 这两个时间段比较合适。致电过程中，如果说完致电目的，客户表示比较忙，没有时间，售后服务顾问不能强迫客户接听电话，应改时间再联系客户。

（2）客户回访记录表。将与客户沟通的信息填写在记录表上，如表 1-4-4 所示。

表 1-4-4 客户回访记录表

_____专营店   年 月 日

序号	姓名	电话	车型	行驶里程	车牌号	问题回答 OK	问题回答 NG	客户的意见/处理结果	跟踪人
1									
2									
3									
4									
5									
6									
7									
8									
9									
10									
11									
12									
13									

四、客户回访实施

任务情景

一辆 2018 款吉利帝豪 EV450 纯电动汽车，行驶里程 63 000 公里左右，两天前到店做完保养。作为售后服务顾问（回访专员）的你如何执行售后回访工作？客户回访应对话术如表1-4-5 所示。

表 1-4-5 客户回访应对话术

流程内容	话术
准备客户服务档案（客户信息、车辆保养记录、方便回访时间）	客户姓名：张 * 电话：1508808**** 车型：吉利帝豪 EV450 纯电动汽车 车牌粤 AD345** 保养情况：63 000 公里保养
致电客户（自我介绍，确认客户、询问是否方便）	SA：您好，我是吉利白云店售后服务顾问小陈，请问您是车牌粤 AD345** 的车主张先生吗？ 客户：我是。 SA：需要占用您 3 分钟时间，请问您是否方便接听电话呢？ 客户：方便，您说吧。
感谢客户，说明致电目的（车辆修后关怀）	SA：好的，首先非常感谢您上次光临我们专营店，您 3 天前在我们专营店做了 63 000 公里的汽车保养和更换刹车片。这次致电主要是想了解您爱车保养后的使用情况。 客户：好的。
询问车况及客户感受（车辆使用情况、客户的服务感受）	SA：请问在这 3 天的时间里您对您的爱车表现情况满意吗？ 客户：都挺好的，很满意。 SA：您对我们这次的服务质量满意吗？ 客户：很满意。 SA：您对我们这次的服务态度满意吗？ 客户：很满意。 SA：您对我们的服务有没有什么意见或者是建议呢？我们会根据您的意见和建议改善我们的服务质量。 客户：嗯，都挺满意的，就是如果价格能够再优惠点就好了。 SA：张先生，我们的零件是正常价，是由厂家全国统一定价；工时费是经过广州物价局核定的，给您做保养的都是专业的、经验丰富的技师。如果您有兴趣可以考虑一下加入我们专营店的车友俱乐部金卡会员，工时费终身 8.8 折优惠。 客户：我下次去保养的时候再看看吧。

续表

流程内容	话术
邀请下次再到店保养（下次保养提前预约，享有优先服务）	SA：好的，张先生，您下次的保养是在 6 个月后或者 73 005 公里，二者先到为准，到时候我会提前通知您的。 客户：好的，谢谢。
致谢，结束通话（感谢支持、祝福）	SA：那不打扰您了，祝您用车愉快，再见！ 客户：再见。
记录关怀结果	填写客户回访记录表

任务 4.2　客户投诉处理

任务导入

一辆 2018 款吉利帝豪 EV450 纯电动汽车，行驶里程 63 000 公里左右，到店做完保养 5 天后，发现左前大灯不亮，觉得刚保养完没多久就出现故障，怀疑是维修技师没认真做保养，感到不满，于是拨打投诉电话投诉，如果你是投诉处理专员，应该怎么处理？

知识链接

一、客户投诉的原因分析

从产品到服务，客户都可能会因不满而引起投诉。若对客户投诉处理得好，不仅可以增强客户的忠诚度，还可以提升企业的形象；若处理得不好，不仅会丢失客户，还会给公司带来负面影响。客户投诉可以分为四种情况，如表 1-4-6 所示。需要根据客户的投诉类型采取不同对应的处理方法。

表 1-4-6　客户投诉的原因

投诉类型	具体内容
产品质量	1. 车辆出故障。 2. 客户对产品不了解。 3. 客户未规范操作。 4. 销售时遗留的问题（销售顾问的承诺未履行、销售顾问对产品交代不清楚）

续表

投诉类型	具体内容
维修服务质量	1. 服务承诺没有履行。 2. 结算金额超出预期。 3. 未使用纯正配件。 4. 未按客户要求作业。 5. 维修质量。 6. 首次修复结果不理想。 7. 同一问题多次出现。 8. 问题长时间没有解决。 9. 未对客户车辆进行防护。 10. 时间问题（未按约定时间交车、维修时间过长、长时间无服务人员接待、长时间未安排维修、长时间等待结算）。 11. 出厂时车辆不干净
服务态度	1. 服务人员不够热情。 2. 解释工作不清楚、不到位。 3. 服务人员缺乏耐心
来自客户自身的原因	1. 对维修时间要求较高。 2. 客户对保修条款不理解。 3. 故意刁难、侥幸心理。 4. 客户对产品操作不当。 5. 对产品的性能不了解。 6. 未按操作规范使用。 7. 希望产品不出问题。 8. 节省费用

二、客户投诉的处理原则

汽车售后服务顾问在处理客户投诉时，需要掌握客户投诉的处理原则，如表1-4-7所示。

表1-4-7　客户投诉的处理原则

原则	细则
原则一：专人负责	当有客户投诉时，必须有专人负责，及时处理并随时汇报进度
原则二：不与客户争辩	俗话说"客户永远是上帝"，汽车售后服务顾问在处理投诉事件时，心中始终要有这个观念，就算是客户的不对，也不可与之争辩。因为客户投诉时，心里有不良的情绪，此时若与客户争辩，会让事情变得更加复杂，使客户更加情绪化，有可能将永远失去该客户

续表

原则	细则
原则三：换位思考	换位思考，站在客户的角度思考问题，体验他们的感受，所有投诉处理都不应该着急分出责任与对错，而是应该首先道歉，例如，"非常抱歉，给您带来了不愉快的体验，××先生/女士，您先别着急，我们慢慢说。我们会将事情处理好的"。同时要站在客户的角度思考客户希望得到什么
原则四：耐心倾听	耐心倾听客户的投诉，不能打断客户的说话，既要听事情，也需要听情感，识别客户投诉的情感需求，并将事情与情感需求记录下来。 一般客户投诉的需求是希望有专人来迅速处理、希望得到认同与尊重、希望得到补偿、希望有人聆听自己的想法四种
原则五：迅速回应	客户抱怨或投诉时，汽车售后服务顾问必须迅速回应，与客户取得联系，了解情况，尽自己的能力把问题解决，若不能立刻解决，必须有解决问题的态度
原则六：合理补偿	根据客户投诉事件，合理作出补偿，经销商需要善于利用企业自身资源作为补偿项目，为汽车品牌或经销商降低不良影响

三、客户投诉的处理技巧

汽车售后服务顾问在处理客户投诉时，需要掌握客户投诉的处理技巧，如表1-4-8所示。

表1-4-8 客户投诉的处理技巧

技巧	要点
技巧一：运用适当的肢体语言	运用适当的肢体语言可以给客户传递正面信息。投诉处理专员要表情自然放松、微笑、交谈或倾听时保持眼神交流并认真倾听客户的投诉。如果身体语言运用不当，将会给客户造成负面的影响，如表情紧张、严肃、匆忙等。这些行为会调动起客户的情绪，加大投诉处理的难度
技巧二：稳定客户情绪	1.将情绪不稳定的客户请到单独的房间交谈，稳定客户情绪，避免扩大负面影响。 2.对客户表示歉意，并安抚客户。 3.请客户坐下，给客户倒上茶，让客户放松，让客户缓和情绪。 4.不与客户争辩，客户不满意说明企业服务工作有不完善之处，在客户情绪不稳定时与其争辩，不仅效果不好，反而适得其反，这时，更不能将自己的想法强加于客户。 5.暂时转移话题

续表

技巧	要点			
技巧三：处理投诉时与客户交谈的技巧	1. 认真倾听，并表示关怀，让客户感觉你确实想为他解决问题。 2. 确认投诉的最主要内容。 3. 善用提问发掘客户的不满。 4. 必要时认同客户的情感，对其投诉表示理解。 5. 掌握措辞原则。			
	措辞原则	正确示范	错误示范	
	对事不对人	"这张表中有些地方需核对一下。"	"你没有填写对。"	
	用"我"来代替"你"	"让我们看一下这当中是否存在误解。" "我有点糊涂了。" "对不起我没说清楚，但我想可能是……"	"你搞错了。" "你把我搞糊涂了。"	
	负起责任	"也许我们技术部能帮您解决，我带您去。" "我可以先帮……" "请你……我们最好这样。"	"这不是我的事。" "我不能。" "你本来应该这样做。"	

四、客户投诉的流程

客户投诉的流程如图1-4-3所示。

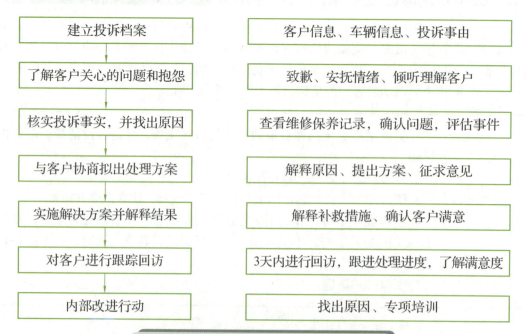

图1-4-3 客户投诉工作流程图

五、客户投诉的行动要点

1. 核实投诉事实，并找出原因

确认车辆出现的症状。认真检查车辆，查阅过去的维修记录，或与客人一起再次路试，找出问题所在，判定责任是维修厂还是客户造成的。对事件进行评估，并向客户解释。

2. 与客户协商拟出处理方案

向客户解释车辆故障原因，以及将采取的措施及补偿，征求客户同意。若是维修厂的过失，不要辩解，为错误向客户道歉。若是客户的过失，以委婉而有礼貌的态度告诉他故障发生的原因，并提供防止这类故障再发生的建议。预估客户的接受程度，直接询问客户如何修改解决办法，以保证客户满意。

六、客户投诉处理实施

1. 任务情景

一辆2018款吉利帝豪EV450纯电动汽车，行驶里程63 000公里左右，到店做完保养5天后，发现左前大灯不亮，觉得刚保养完没多久就出现故障，怀疑是维修技师没认真做保养，感到不满，于是拨打投诉电话投诉，如果你是投诉处理专员，应该怎么处理？客户投诉应对话术如表1-4-9所示。

表1-4-9 客户投诉应对话术

流程内容	要点或话术
建立投诉档案（填写客户投诉处理备忘录）	SA：您好，这里是吉利白云店售后服务部，我是售后服务顾问小陈，请问有什么可以帮您？ 客户：我要投诉。 SA：很抱歉，给您带来不便，您先别着急，我现在为您登记一下相关信息。请问您贵姓？ 客户：张。 SA：张先生，请问您的车牌号是什么？ 客户：粤AD345**。
了解客户关心的问题和抱怨	SA：好的，张先生，5天前您来我们店做过保养，请问现在具体情况是怎么样的呢？ 客户：对呀，5天前我刚去你们店做过保养，结账的时候汽车售后服务顾问和我说为我的车检查了很多地方，其中就包含检查了大灯，那现在大灯怎么突然间就不亮了呢？你们维修技师不是刚检查完吗？怎么刚检查完才5天就坏了呢？

流程内容	要点或话术
核实投诉事实，并找出原因	SA：张先生，请您消消气，我为您查一下详细的保养记录，我们这次保养确实有做大灯检查项目，在交车给您的时候也确认过了，车辆大灯是没问题的，请问您的车是这两天才有故障的吗？ 客户：昨天用的时候还好好的，今天早上用的时候就不行了。 SA：张先生，我们的维修技师在保养后，还会有车间班组长检查，还有专业的质检员检查，确定没问题后车辆才会交到您手上的，我们的保养是有质量保证的，您担心维修技师没有帮您好好保养，这个您无须多虑。 客户：那怎么保养完没几天就坏了呢？ SA：张先生，电器有随时坏掉的特点，我们的左前大灯也很有可能是因为电路发生了短路或者断路，这是个没有办法提前预测的，我们在保养的时候检查过了确实没问题。就像我们的电脑、手机或者电视产品，前一天还好好的，结果突然就坏了。 客户：那确实也是，可是真的很郁闷，觉得保养没啥用了。 SA：我们定期检查车辆首先是为了及时发现车辆问题，免得对损失扩大，再者就是检查车辆，发现一些安全隐患，也是保护我们自身安全，您说是吧？ 客户：嗯嗯，还是很郁闷，我的车坏了。好麻烦！
与客户协商拟出处理方案	SA：那张先生，您什么时候回来修理一下大灯呢？ 客户：我去修理大灯的时候，可以送个油卡什么的吗？ SA：张先生，我们这次保养是按照企业标准做的，此次发生的故障现在是没有办法预测的，但是您是我们的优质客户，您的车辆出现故障我们也能理解您的心情，这样吧，我为您申请一把我们的品牌精品双人雨伞，价值50元。您下次过来修理大灯的时候，直接从您的售后服务顾问那里领取就可以了，您看可以吗？ 客户：行吧。
实施解决方案并解释结果	SA：张先生，感谢您的信任和理解。请问您还有其他疑虑吗？ 客户：没有了。 SA：张先生，感谢您的信任和支持，有任何疑虑请随时致电我们售后服务部，再见。
对客户进行跟踪回访	参考"客户回访话术"。
内部改进行动	找出原因、专项培训。

2. 相关单据

填写客户投诉处理备忘录，如表1-4-10所示。

表1-4-10　客户投诉处理备忘录

投诉编号	1170521	受理日期	2021年8月6日
客户姓名	张*	客户电话	1508808****
车牌号码	粤AD345**	VIN码	LHGGD6523J00****
车型名称	吉利帝豪EV450	发动机号	*****
销售商名称	吉利白云店	行驶里程	63 005公里
购车日期	2018年5月1日	故障日期	2021年8月6日

投诉类型：
服务态度 □　产品质量 ☑　等待时间 □　专业技术 □　操作流程 □　诚实热情 □　需求分析 □
准时交车 □　一次性修复 □　配件问题 □　产品价格 □　其他 □

客户抱怨内容：
到店做完保养5天后，发现左前大灯不亮，觉得刚保养完没多久就有故障，怀疑是维修技师没认真做保养。

客户期望：得到补偿。

处理过程及结果：
投诉专员为客户解释清楚电器设备具有随时损坏的特点。客户表示理解，但是心情还是不愉悦。鉴于该客户是我们店优质客户，投诉专员为客户申请小精品赠送，征得客户的同意。

用户对处理结果的满意程度如何？
很不满意 □　不满意 □　满意 ☑　较满意 □　很满意 □

汽车售后服务顾问签字：陈媛媛　　服务经理签字：高德　　存档日期：2021年8月6日

学习情境二

故障车辆接待与管理

情境描述

　　故障车辆接待与管理是指汽车售后服务顾问对来店维修的故障车辆及客户进行接待与管理，包括对客户的接待、问诊，对故障车辆的基本检查，确定故障车辆的维修方案，并监控车辆的维修过程和质量，以及对客户进行休息引导和客户关怀。

　　新能源汽车故障有许多类型，不同车辆就会有不同的故障位置，不同的维修方案。汽车售后服务顾问应根据客户问诊及车辆的基本检查结果，结合车间维修技师检查确定的维修方案，在接待服务过程，应严格遵守企业售后服务标准和行业规定，并落实企业"9S"管理规定。此章节将以电动汽车空调制冷效果不好的故障车辆接待服务为例展开学习。

情境目标

1. 能介绍故障车辆接待的工作流程及行动要点。
2. 能介绍汽车故障对应系统的基本工作原理。
3. 能针对汽车故障运用5W2H法对客户进行问诊。
4. 能结合问诊结果对故障车辆做基本检查，判断故障范围。
5. 能规范填写接车问诊单，制作委托维修估价单、派工单、车辆维修结算单。
6. 能按照汽车服务企业"9S"要求管理工作现场，具有严谨的工作态度和良好的服务意识，能充分贯彻执行汽车维护接待标准，提升客户的满意度。

学习情境二　故障车辆接待与管理

任务 1　维修车辆接待

任务目标

1. 能应用故障问诊技巧进行问诊。
2. 能规范填写汽车接车问诊单，制作汽车委托维修估价单。
3. 能说出车辆常见故障及处理方法。
4. 能按照服务工作流程要求对故障车辆进行接待与管理。

任务导入

一辆吉利帝豪 EV450 纯电动汽车，行驶里程 66 566 公里，客户驾车到店进行车辆维修：客户反映该车空调制冷效果不好，作为汽车售后服务顾问的你应该如何接待？

知识链接

一、问诊

1. 问诊的意义

大多数客户没有车辆专业的知识，在阐述故障时不能将其准确地描述清楚，只是觉得车辆某些方面有问题，这需要汽车售后服务顾问通过问诊和车辆预检发现问题，以专业的知识向客户提供维修的建议，消除客户疑虑，提高客户满意度。通过问诊能够帮助车间维修技师在车辆检查确认故障的时候更有针对性，避免在车辆检查过程中反复与客户沟通。高效、准确的问诊工作能够显著提高故障确诊率，减少客户经济时间成本。

2. 客户对问诊的期望

客户希望汽车售后服务顾问能够仔细倾听他关于车辆故障的描述和维修需求，希望汽车售后服务顾问能够仔细、专业地主动询问，当面做进一步的实车检查，发现车辆所存在的故障问题。了解客户的需求，对诊断及车辆预检，提高客户满意度有至关重要的作用。

3. 问诊的方法

"5W2H 问诊法"又叫"七何问诊法"。它简单方便，易于理解，被广泛应用。对于决策和执行性的活动措施非常有帮助，也有助于弥补考虑问题的疏漏。发明者用 5 个以"W"开头的英语单词和 2 个以"H"开头的英语单词进行询问，寻找故障情况。发现解决问题的线索，从而提高问题解决效率。"5W2H"问诊法的内容介绍如表 2-1-1 所示。

表 2-1-1　5W2H 问诊法

5W2H	要点
What	故障发生时的详细情况，主要内容包括：哪个系统发生了什么故障，当时驱动电机、变速器、仪表指示灯、灯光、空调、音响及其他功能等的状态
When	故障何时开始发生
Where	在哪里行驶会出现故障现象，如国道、高速公路、市内公路等
Who	故障发生时是谁在驾驶车辆；同车人是否也感受到故障
Why	故障发生原因咨询，故障发生前车辆有没有发生过其他故障或做过维修保养、改装或事故等
How	程度如何？是明显，微弱，还是突然
How much	故障发生的频率，到目前为止共发生了多少次

4. 问诊技巧

在问诊的过程中，汽车售后服务顾问要想更多、更准确地了解客户信息，就要通过巧妙的提问使顾客更多表达自己的意见。能够准确地提出疑问，对于发现问题和解决问题是极其重要的。一般来说，问题可分为开放性问题和封闭性问题。

（1）开放式询问。问诊前期需要获取更多的信息，此阶段应尽量多用开放式询问。这种提问方式能够帮助汽车售后服务顾问了解更多的情况和事实，同时客户也有更多、更自由的发挥空间。例如，"您开车的时候是什么感觉？""您听到了什么噪声？"常用的词语有：如何、为什么、哪里、哪些、何时。

（2）封闭式询问。在使用开放式问题收集到更多的信息后，往往需要利用封闭式提问来确认故障。这类问题能够用简洁的语言来回答，如"是"或"不是""对"或"不对"等，例如，"您是否经常在城市行驶？""您是否能听到叽叽的响声？"对这些提问，顾客只要简单地给予回答，汽车售后服务顾问就能了解相应的情况和信息。

比较来说，在问诊的过程中，封闭式提问的使用机会较多，其优点是可以控制问诊的方向，同时可以引导和掌握对方的思路，但如果运用不当，会使人为难，气氛容易紧张。因此，使用封闭性提问时一定要注意语气，尽量避免语气生硬或过分锋芒毕露。

对于间歇性故障的提问需要注意的是，要尽量先用开放性问题询问故障发生时的详细情况，避免先入为主的观点。如果预先设立立场或观点，采用封闭式的问题询问客户，就容易产生判断失误，把思维引到错误的方向。如果客户能够准确地描述故障现象，则汽车售后服务顾问要边听边在接车单上记录下详细情况。另外，如果客户不是汽车专业人士，开放性的问题有时会使客户花很多时间表述很多与车辆故障完全无关的细节信息，这时候汽车售后服务顾问要及时引导客户回到"5W2H"的问诊轨道上来。

5. 倾听在问诊过程中的重要性

在车辆问诊的过程中，倾听尤为重要。根据心理学家的统计，一般人大脑思考的速度是说话速度的4倍，所以，说话者话没说完，听话者就已经知道是什么意思了，这样会使听者的思想开小差，最后由于遗漏信息而导致误解。在车辆维修过程中产生的许多问题往往是由于不善于倾听导致的，作为汽车售后服务顾问，要培养倾听的习惯，可以从以下几个方面努力。

（1）努力培养倾听的兴趣。
（2）注视对方的眼睛。
（3）及时用动作和表情给予回应。
（4）学会复述。
（5）适时适度地提问。
（6）抑制争论的念头。

二、车辆常见故障及处理方法

汽车售后服务顾问在接待故障车辆时，当遇到显而易见的故障时，应直接告诉客户故障原因和处理方法；当遇到需维修技师判断才能确认的故障时，应告知客户车辆故障可能存在哪些的原因，车辆常见故障及处理方法如表2-1-2所示。

表2-1-2 车辆常见故障及处理方法

故障现象	故障原因	解决方法
充电故障	充电（高低压）线路故障，线路老化、松动、短路、断路、电缆损坏； 高压部件损坏，充电机故障，低压辅助模块故障，电池包故障； 高压互锁故障，过压、欠压、过流、低温、过温； 通信故障、CAN协议	根据检查结果，更换故障配件

续表

故障现象	故障原因	解决方法
车辆行驶中间歇性出现车辆冲击（车辆抖动后被限速，重新起动车辆正常，但行驶一段时间后此故障又出现。）	电机旋变传感器信号故障； 电机控制器故障； 整车控制器故障	根据检查结果，更换故障配件
间歇性断高压（仪表显示动力蓄电池故障指示灯亮，系统故障灯亮，车辆无法行驶。）	电机控制器故障； 高压绝缘故障； 动力电池故障	根据检查结果，更换故障配件
电机过热车辆被限速（仪表显示电机控制器过热）	水泵故障； 散热风扇故障； 缺少防冻液； 冷却系统内部堵塞	更换水泵； 更换散热风扇； 添加适量防冻液； 找到堵塞点用高压空气将电机控制器内部异物吹出，恢复冷却系统管路，再次加注防冻液
转向沉重	轮胎气压不够； 助力转向液不够； 前轮定位不准； 转向机或转向球节磨损严重	轮胎充足气； 添加助力转向液； 进行四轮定位检测； 维修或者更换新的备件
高速时方向盘发抖	轮胎在拆装后未进行动平衡检测； 轮胎受过撞击变形； 轮毂上的平衡块脱落； 车轮上沾有泥块	检测轮胎动平衡； 更换轮胎； 清洗车轮
行驶时跑偏	左右轮胎气压不一致； 前轮定位不准	需要检查并调整轮胎气压； 检查四轮定位
底盘异响	车辆转向系统故障； 传动系统故障； 制动系统故障； 减震机构故障等	根据检查结果，更换故障配件
空调不制冷或制冷效果不好	缺少制冷剂； 空调翻板损坏； 冷凝器损坏或脏污； 空调管道有水； 压缩机故障； 车内外温度传感器故障； 空调滤芯堵塞	添加制冷剂； 更换空调翻板； 修理清洁冷凝器； 排空、排水，添加制冷剂； 修理压缩机； 修理温度传感器； 更换空调滤芯

三、维修车辆接待的流程

维修车辆接待流程如图 2-1-1 所示。

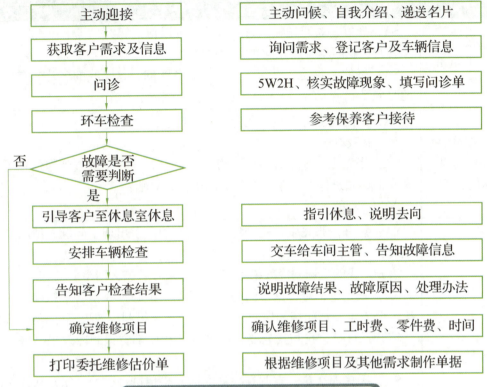

图 2-1-1　维修车辆接待工作流程图

四、维修车辆接待的行动要点

1. 安排车辆检查

将车钥匙、接车问诊单交给车间主管；依据接车问诊单的情况，详细告知车辆故障信息；了解检查故障所需的大致时间，便于与客户沟通。

2. 告知客户检查结果

说明维修技师的诊断过程、诊断工具；说明故障结果，故障是什么问题；说明故障原因；处理办法；征询客户的意见：询问客户采取该处理方法是否有疑虑。

五、维修车辆接待实施

1. 任务情景

一辆吉利帝豪 EV450 纯电动汽车，行驶里程 66 566 公里，客户驾车到店进行车辆维修：

客户反映该车空调制冷效果不好,作为汽车售后服务顾问的你如何接待?维修车辆接待应对话术如表2-1-3所示。

表2-1-3 维修车辆接待应对话术

流程内容	话术
主动迎接(主动问候、自我介绍、递送名片)	SA:您好,欢迎光临。请问有什么可以帮到您? 客户:我的车有点儿问题,我过来修一下。 SA:好的,我是这里的汽车售后服务顾问,这是我的名片,有什么问题可以随时联系我。
获取客户需求及信息(询问需求、登记客户及车辆信息)	SA:请问先生您贵姓,我为您登记信息。 客户:我姓张。 SA:张先生,你车牌号码是粤AD345**,我在系统查到您信息了,几个月前来我们店做过保养。今天主要是修车的,对吧? 客户:对的。
问诊(5W2H、核实故障现象、填写接车问诊单)	SA:您好,张先生,刚刚您告诉我您的车子出现了问题,请问是哪方面的问题呢?(what) 客户:我的空调制冷效果不好了,过来看看怎么回事。 SA:张先生,对于这个问题,您不用太担心,我稍后帮您检查一下具体的情况。张先生,请问您和您的家人开车都会觉得制冷效果不好吗?(who) 客户:对呀,我和我老婆开都这样,我们都觉得制冷效果不好,就是感觉空调没有以前凉快了。 SA:天气那么热,空调有故障的话,恐怕挺难受的。您是从什么时候开始感觉制冷效果不好的呢?(when) 客户:这个星期吧。 SA:张先生,最近有在别的地方做过什么维修或者发生过事故吗?(why) 客户:没有呢,最近一次就是来你们这里做保养。 SA:空调不凉快是这个星期开始就这样了,是一直不凉快还是偶尔不凉快呢?(how much) 客户:这个星期开车以来,开了空调都觉得不凉快。 SA:无论低速还是高速行驶(how),都觉得空调制冷效果不好吗? 客户:是的。 SA:除了空调不制冷,还有没有其他异常情况呢?比如异响。 客户:感觉没有呢。 SA:好的,张先生,我为您复述一下您的车辆情况:这个星期开始(when),无论低速还是高速行驶(how),您和您太太(who)开车都一直(how much)觉得空调制冷效果不好(what),而且没有维修记录(why),没有其他异常对吗? 客户:对的,没错。 SA:好的,请稍等,我帮您查看一下。
环车检查(参考保养客户接待)	SA:张先生,为了避免弄脏您的爱车,我先帮您安装维修保护套。 SA:我先帮您看看空调及车内的情况。现在开了空调,听到鼓风机有吹风,但是出风口这里确实制冷不是很好。张先生,我们一起去检查您爱车的情况,这边请。

续表

流程内容	话术
故障是否需要判断（无须判断的直接确定维修项目）	SA：张先生，车辆已经检查完了，您的空调制冷问题可能是制冷剂泄漏，也可能是压缩机、冷凝器等工作不良，需要维修技师用专业的工具进行诊断才能判断具体是哪里出了故障。 客户：这样呀。 SA：我先安排您的爱车进车间由维修技师检查，检查到具体的问题再和您沟通。您看可以吗？ 客户：好的。
引导客户至休息室休息（指引休息、说明去向）	SA：检查车辆需要半个小时，在此期间，您是在店里等待还是先自行离开。 客户：我在店里等等。 SA：张先生，我带您到休息室休息一下，这边请。 SA：您在这里休息，我去安排您的车辆检查，有问题随时打电话给我。
安排车辆检查（交车给车间主管、告知故障信息）	SA：李师傅，您好，这是车主张先生的车，空调制冷效果不好，这是接车问诊单，张先生一个星期开始，无论低速还是高速行驶，他和他太太开车都一直觉得空调制冷效果不好，而且没有维修记录、事故，我刚才也确认过了，确实制冷效果不好。麻烦您帮忙检查一下，这是车钥匙。 李师傅：好的。 检查过程：李师傅用空调压力表测量空调压力，高低压都偏低。 诊断结果：空调制冷剂不足。 故障原因：空调接口铜管的喇叭接口破损，导致制冷剂泄漏。 处理办法：添加制冷剂。
告知客户检查结果（说明故障结果、故障原因、处理办法）	SA：张先生，您的空调制冷效果不好的问题，维修技师已经检查出原因了，技师用专业工具检查到您的空调高压管的压力都偏低，主要原因是空调接口铜管的喇叭接口破损，制冷剂泄漏，导致空调制冷剂不足，制冷效果不好。需要更换接口铜管的喇叭接口和添加制冷剂。今天就帮你修好它，您看可以吗？ 客户：哦哦，原来是这样，费用多少钱？
确定维修项目（确认维修项目、工时费、零件费、时间）	SA：零件费用方面，制冷剂200元，喇叭接口20元；工时费60元，总计费用是280元，维修时间大概是1个小时，现在是下午2点，下午3点就可以交车了。 客户：好的，没问题。
打印委托维修估价单（根据维修项目及其他需求制作单据）	SA：您的车辆还有没有其他问题呢？ 客户：没有了。 SA：好的，我去为您打印委托维修估价单，请稍等。

2. 单据的填写

填写接车问诊单，如表2-1-4所示，填写委托维修估价单，如表2-1-5所示。

表 2-1-4　接车问诊单

来店时间	2021-8-5 13：00 PM	客户	张奇	联系电话	1508808****	行驶里程	66 566公里
车牌号码	粤 AD345**	车辆型号	吉利帝豪EV450	VIN码	LHGGD6523J00****	备注	无

功能确认：（正常打"√"，不正常打"×"） ☑ 音响系统　　　　☑ 雨刮 ☑ 中央门锁（防盗器）☑ 后视镜 ☑ 天窗　　　　　　☑ 四门玻璃升降	外观确认：H 划痕　P 破裂　D 丢失　F 腐蚀

物品确认：（有打"√"，无打"×"）

（电量图示 100% 80% 60% 40% 20% 0%）	☑ 贵重物品已提醒用户带离车辆 ☑ 随车工具　☑ 千斤顶 ☑ 备胎　　　☑ 灭火器 ☑ 其他（　　）	（如有损伤，在相应部位做标记）

故障问诊·诊断报告

发生时间	□突然　☑（4）天前　□（　　）月前　□其他（　　）
发生频度	□经常　□只有一次　□有时　☑每（　　）日一次　□每（　　）月一次　□其他（一直）
工作状态	□冷机时　□热机时　□起动时　□挡位（　　）□空调（开/关）☑其他（任何工作状态）
道路状态	□一般道路　□高速道路　□水泥路面　□沥青路面　□砂石路面　☑其他（任何路面）
行驶状态	□速度（　～　）□急加速时　□缓加速时　□急减速时　□缓减速时　☑其他（任何行驶状态）

故障现象描述	故障原因分析	故障处理方法
这个星期开始，无论低速还是高速行驶都一直觉得空调制冷效果不好，而且没有维修记录、没有发生过事故，没有其他异常	可能是制冷剂泄漏，压缩机、冷凝器等工作不良	需要维修技师用专业的工具进行诊断才能判断具体问题
服务顾问提醒	本店已提醒用户将车内贵重物品带离车辆并妥善保管，如有丢失恕与本店无关	
用户确认	张奇	服务顾问	陈媛媛

表 2-1-5 委托维修估价单

__白云__ 专营店　　地址：广州市白云区**镇**路 7 号　　电话：020-87656**

客户信息			车辆信息	
姓名：张奇			车牌号：粤 AD345**	VIN 码：LHGGD6523J00****
地址：广东省广州市白云区江高镇**路**号			车型：吉利帝豪 EV450	
电话：1508808****	颜色：白色	行驶里程：66 566 公里	购车日期：2018 年 5 月 1 日	
报修时间：2021-10-1　14：00 PM			承诺交车时间：2021-10-1　15：00 PM	
故障现象描述			处理方法	
空调制冷效果不好			更换空调接口铜管的喇叭接口	
			添加制冷剂	

序号	维修内容	工时	工时单价	工时费	付费类别	开票价	备注
1	更换空调接口铜管的喇叭接口	0.1	60	6	正常维修	6	
2	添加制冷剂	0.9	60	54	正常维修	54	
3							
4							
5							
6							
7							

序号	零件名称	零件号	数量	单价	零件费	付费类别	开票价	备注
1	喇叭接口	6T621SH3680238N	1	20	20	正常维修	20	
2	制冷剂	6T621SH5728287M	1	200	200	正常维修	200	
3								
4								
5								
6								
7								
8								
9								

维修费用预估	总计	280	如果您同意本委托维修估价单的预估费用，请签字确认！本费用为预估费用，实际费用以《车辆维修结算单》为准。	客户签字：张奇	服务代表签字：陈媛媛
	工时费	60			
	零件费	220			
	其他费用	0			

一式两联：客户（代提车联，提车时收回）、客户服务代表各一联。

任务2 保修车辆接待

任务目标

1. 能归纳车辆保修的分类。
2. 能根据保修政策，正确判断故障是否属于保修范围。
3. 熟悉车辆保修工作流程和操作要点。
4. 独立执行车辆保修工作任务。

任务导入

车主张丹购买吉利帝豪EV450纯电动汽车2年，行驶里程48 000公里左右，车主张丹觉得车辆减震效果特别差，怀疑减震器损坏。另外，觉得雨刮器刮得不是很干净，于是开车到吉利白云店，咨询一下能不能保修。如果你是汽车售后服务顾问，应该怎么接待保修车辆呢？

知识链接

一、汽车三包和汽车保修认知

汽车三包是指经营者因汽车产品质量问题，依照法定的条件和要求，向消费者提供免费修理、更换或退货服务。

汽车质量保修是指经营者因汽车产品质量问题，对汽车产品提供免费维修或更换零部件等服务。

1. 整车质量保修

本章节以吉利家用汽车为例进行说明。

三包有效期2年或50 000公里，动力电池等关键零部件包修8年或150 000公里，整车包修3年或120 000公里，时间和里程数二者以先到为准。三包有效期和保修期均自开具新车购车发票之日起生效，质量包修明细见表2-2-1。

表 2-2-1 质量包修明细

具体包修内容			包修期 时间/里程（以先到者为限）	
			营运（月/公里）	非运营（月/公里）
关键零部件	动力电池	电芯	36/300 000	96/150 000
		电芯以外元器件	96/150 000	
	整车控制器、驱动电机、驱动电机控制器		96/150 000	96/150 000
整车	整车及以下未注明零部件		12/120 000	36/120 000
特殊零部件	减震器、各类球头、拉线、点烟器、油漆、玻璃、各类轴承、喇叭、玻璃升降器、各类橡胶件、各类传感器、各类执行器、制动盘、倒车灯开关、多媒体系统（含碟盒、GPS 主机）、雨刮电机、车门锁、全车灯具、电动真空泵、车载充电机、分线盒、交流充电连接设备、驱动电机三相线束总成、远程监控模块		12/60 000	36/60 000
易损耗零部件	蓄电池		12/20 000	
	轮胎、制动摩擦片、空调滤芯、遥控器电池、灯泡、雨刮片、保险丝及普通继电器（不含集成控制单元）		3/5 000	

易损耗零部件在其质量保证期内出现质量问题，吉利公司授权的吉利汽车服务站负责免费检修或更换。

2. 零部件质量保修

对于用户自费或公司免费更换的纯正零件（易损易耗件除外），其质量保修期为自该零部件更换之日起 1 年或 20 000 公里，时间数和里程数二者以先到为准。

对于用户自费或公司免费更换的纯正易损易耗零部件，其质量保修期为自该零部件更换之日起 3 个月或 5 000 公里，时间数和里程数二者以先到为准。

3. 免责条款

在家用汽车产品保修期和三包有效期内，存在下列情形之一的，经营者对所涉及的产品质量问题，不承担三包责任。

家用汽车产品已被书面告知存在瑕疵的；家用汽车产品用于出租或者其他营运目的的；自行改装、调整、拆卸而造成损坏的；发生产品质量问题，消费者自行处置不当而造成损坏的；未按照《用户手册》或《保修保养手册》要求正确使用、维护、修理产品，而造成损坏的；无有效发票和三包凭证的。

4. 质量保修服务细则

（1）自购车发票开具之日起 60 日内或 3 000 公里之内，先到者为准，驱动电机、减速器的主要零部件出现产品质量问题的，可免费更换驱动电机、减速器；出现转向系统失效、制动系统失效、车身开裂或燃油泄漏可免费换车或退车。

（2）整车三包有效期内可申请换车的情形。因产品质量问题修理时间累计超过35日的或因同一产品质量问题累计修理超过5次的。

（3）整车三包有效期内可申请换车或退车的情形。因严重安全性能故障累计进行了2次维修，严重安全性能故障仍未排除或者又出现新的严重安全性能故障的；驱动电机、减速器的同一主要零件因其质量问题，累计更换2次后，仍不能正常使用的；转向系统、制动系统、悬架系统、前/后桥、车身的同一主要零件（见表2-2-2）因其质量问题，累计更换2次后，仍不能正常使用的。

申请换车或退车的用户需支付合理补偿给经销商（免费换车、退车者除外），补偿费用的计算方法：补偿费用=[车价款（元）× 行驶里程（公里）] /1 000 × 0.7%。

表2-2-2 家用汽车三包凭证（背面）

总成和系统	主要零件的种类范围
驱动电机	电机壳体
	电机转子（含主轴）
	电机定子
	轴承
减速器	减速器壳体
	齿轮、轴类、轴承
车身	车身骨架
	纵梁、横梁
	前后车门本体
	副车架
转向系统	转向器总成
	转向管柱、转向万向节
	转向拉杆（不含球头）
	转向节
前/后桥	桥壳
	主减速器、差速器
	驱动轴
制动系统	制动总泵
	制动分泵
	助力器
	制动踏板及其支架
	ABS（ESP）液压控制模块
悬架系统	弹簧（螺旋弹簧、扭杆弹簧、钢板弹簧、空气弹簧、液压弹簧）
	下摆臂、连杆

二、汽车缺陷认知

1. 缺陷

缺陷是由于设计、制造等方面的原因导致某一批次、型号或类别的汽车产品中普遍存在的同一性的危及人身、财产安全的不合理危险，或者不符合有关汽车安全的国家标准的情形。

2. 召回

召回是指按照本规定要求的程序，由缺陷汽车产品制造商（包括进口商，下同）选择修理、更换、回收等方式消除其产品可能引起人身伤害、财产损失的过程。

3. 判断汽车产品的缺陷包括以下原则

（1）经检验机构检验安全性能存在不符合有关汽车安全的技术法规、国家标准和行业标准的。

（2）因设计、制造上的缺陷已经给车主或他人造成人身、财产损害的。

（3）虽未造成车主或他人人身、财产损害，但经检测、试验和论证，在特定的条件下缺陷仍可能引发人身或财产安全的。

三、保修车辆接待流程

保修车辆接待流程如图 2-2-1 所示。

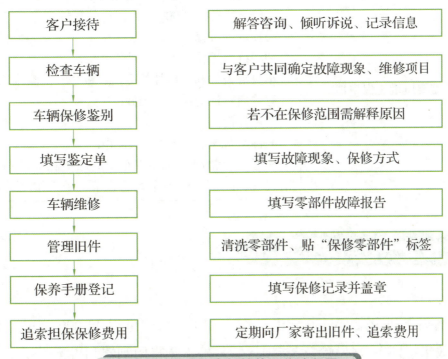

图 2-2-1　保修车辆接待工作流程图

四、保修车辆接待行动要点

1. 客户接待

耐心解答客户咨询；倾听客户诉说，适当安抚客户情绪；记录客户信息；填写接车问诊单；记录故障现象。

2. 检查车辆

与客户共同确定故障现象、确定维修项目，必要时请维修技师共同确认；与客户共同检查车内、外观情况并与客户确认（参考职业情景——保养车辆的接待与管理）。

3. 车辆保修鉴别

汽车售后服务顾问在接待车辆保修客户时，需要鉴别是否属于保修范围，车辆保修鉴别需要注意以下行动要点，如表 2-2-3 所示。

表 2-2-3 车辆保修鉴别行动要点

鉴定类型		车辆保修鉴别行动要点
难鉴定		与厂商保修部门联系，听取厂商保修部门意见
不属于		有技巧地向客户解释保修政策，安抚客户情绪，请客户自费修理
属于	不需要质量担保申请	在经销商权限范围内，直接进入下一个工作流程"填写鉴定单"
	需要质量担保申请	需要提交质量担保申请的情况有： 维修金额超过 4 000 元人民币的零件； 易损件的维修； 油漆维修工作； 车身覆盖件和开启件的更换、钣金及油漆维修； 运输商责任的商品车维修； 商务补偿； 旧件运费超过 3 000 元人民币； 属于以上情况，需要汽车售后服务顾问填写"质量担保申请表"，等厂商同意批复后进入下一个工作流程

五、保修车辆接待实施

任务情景

车主张丹购买吉利帝豪 EV450 纯电动汽车 2 年，行驶里程 48 000 公里左右，车主张丹觉得车辆减震效果特别差，怀疑减震器损坏。另外，觉得雨刮器刮得不是很干净，于是开车到吉利白云店，咨询一下能不能保修。如果你是汽车售后服务顾问，应该怎么接待保修车辆呢？保修车辆接待话术如表2-2-4所示。

表2-2-4　保修车辆接待话术

流程内容	话术
客户接待 （解答咨询、倾听诉说、记录信息）	SA：您好，我是吉利白云店的汽车售后服务顾问小陈，这是我的名片，请问有什么可以帮到您？ 客户：我的车有一些故障，我现在咨询一下，看看能不能保修。 SA：好的，请稍等，为您查询一下基本信息，请问您贵姓，我为您查询一下信息。 客户：姓张。 SA：好的张女士，已经为您查询到，您在2021年1月在我店购买EV450纯电动车，对吗？ 客户：对呀。 客户：这几天觉得车辆减震效果特别差，怀疑减震器坏掉，这种情况能不能保修。 SA：很抱歉，张女士，对您造成了不便。
检查车辆 （与客户共同确定故障现象、维修项目）	SA：张女士，我们一起去看看您爱车的减震器，这边请。 客户：好呀。（详细的问诊省略，参考维修车辆接待） SA：张女士，我看到您的减震器这边出现漏油现象，可能需要更换一个新的减震器，具体还得维修技师检查后才能确定。 客户：那坏了就得修了。 SA：张女士，我们一起去检查一下您的爱车情况（参考职业情景——保养车辆的接待与管理）。
车辆保修鉴别 （若不在保修范围需解释原因）	客户：这个减震器的更换能不能保修呀？ SA：张女士，我为您解释一下我们的保修政策。我们的整车保修期为3年或12万公里，对于减震器、车载充电机、雨刮电机等特殊零件的保修期为3年或者12万公里，时间和里程数以先到者为准。即保修期内的条件有两个，一是时间限制，二是里程限制，只要这两个条件任意达到一个，就表明车辆的保修期已过，张女士您的爱车驾驶了2年，公里数是48 000公里，还在保修期内，所以这次的减震器故障的维修我们可以申请保修，不需要维修费用。 客户：那太好了。最近下雨，我发现我的雨刮器刮不大干净，顺便帮我免费换个雨刮片吧。 SA：很抱歉，张女士，您的爱车现在是2年，公里数是48 000公里，超出了雨刮片的保修范围内，需要自费修理。 客户：保修期不是3年或12万公里吗？ SA：张女士，是这样子的。汽车生产厂家规定，整车保修期是3年或12万公里，易损耗件的保修期另有规定，例如，空调滤芯、遥控电池、保险丝、灯泡、雨刮片保修期为3个月或者5 000公里。 所以您的雨刮片超过保修范围了，需要自费修理。 客户：好吧！

备注：此处话术为保修车辆接待的前三个工作流程

六、常见车辆保修政策解释话术

政策解释话术中，要安抚客户情绪，通俗易懂地解释保修政策，为避免客户投诉，使用赠送精品或者小额优惠。

情景一：客户要求保养期内免费保养

客户：我的车还在保修期，为啥做保养要收费呀？

SA：先生，要是我有权限免费为您保养就好了，非常理解您的心情；保养和质量保修不同，保养是为了保证车辆正常运行，减少维修次数并降低使用成本，延长使用寿命。质量担保是对整车进行质量担保，车辆的保养就像人要体检，体检是要收费的，都不在医保范围内，因此保养收费也是合理的。您前面做的4次保养本来也是要收费的，只是专营店为了客户的利益，我们赠送而已，也希望您能理解我们。

情景二：保修期限过两天，车辆出现故障，要求保修

客户：上个月刚做完保养，刚刚超出保修期，现在就有新故障，你们是不是给我保修呀？

SA：先生，刚超出保修期，新故障，真是太不巧了，要是在保修期前一天出问题就好多了，非常能理解您的心情，但是我们的汽车保质期是有严格的时间和里程数要求的，我们动力电池等关键零部件包修8年或150 000公里，整车包修3年或120 000公里，易损易耗件保修期为3个月或5 000公里，时间和里程以先到者为先，您现在的情况是时间和里程数都超出保修范围了，没有办法为您申请保修，要不我向领导申请，为您这次的维修争取一些优惠，您看可以吗？

情景三：客户车改装了一套轮毂，引起方向盘抖动，因为还在保修范围，要求保修

客户：我的车还在保修期内，你们是不是给我保修呀？

SA：这次故障是因为改装了轮毂，在车辆开到高速的时候引起了方向盘抖动，不属于保修范围。因为保修手册了提到消费者不能私自改装、调整、拆卸，因改装、调整、拆卸所造成的损失是不在保修范围的，非常理解您的心情，也希望您能理解我们的工作，好吗？

学习情境三

事故车辆接待与管理

情境描述

　　事故车辆接待与管理是指汽车售后服务顾问对发生交通事故车辆及客户进行接待与管理。目前，很多汽车专营店与保险公司签订协议，成为保险公司的代理。客户可以通过代理来购买保险，投保车辆出险后直接在指定专营店进行维修，享受快捷高效的服务。事故车辆的维修工作较为复杂，不同类型的案件，不同的处理注意事项，因此，汽车售后服务顾问需要对保险条款、事故车辆的接待流程和不同保险公司的理赔流程等内容很熟悉。客户车辆出险后，根据不同的案件类型给客户提出准确的处理方法，并提出合理的建议。例如单方事故，损失比较小的情况下，只需要报保险公司；双方事故时涉及损失比较大，先报交警再报保险公司；如果车辆无法行驶，需拖车服务，汽车售后服务顾问要确定客户事故车辆所在的位置及现场人员的联系方式并及时安排拖车。

　　另外，汽车专营店会和深度合作的保险公司签订定点直赔协议，出险客户只需要将车交给该4S店，并提供有效证件和相关资料，修车、理赔事宜全部由4S店处理。如果没有涉及客户自费部分，在车修好之后，客户直接提车，赔款由保险公司直接打到4S店的账户上。

情境目标

1. 能介绍汽车各险种的保险责任。
2. 能掌握事故车辆维修接待的流程，能够说明事故车辆维修接待的内容。
3. 能了解常见事故车辆索赔的程序，能够表述保险车辆的维修流程。
4. 能根据不同的交通事故，选择合适的事故处理方案。
5. 能规范指导车主填写相关索赔资料。
6. 能根据不同的事故收集和整理索赔资料，提高索赔效率和客户满意度。

任务 1　简易事故车辆接待

任务目标

1. 能介绍汽车各险种的保险责任。
2. 能掌握单方事故车辆维修接待的流程。
3. 能掌握单方事故车辆索赔的程序。

任务导入

2021年5月1日，一辆2018款吉利帝豪EV450纯电动汽车，在外出时，被高速路上弹起的小石头把前风挡玻璃打中了，前风挡玻璃破碎。作为汽车售后服务顾问（保险专员）的你应如何处理？

知识链接

一、机动车保险

1. 机动车交通事故责任强制保险简介

机动车保险产品分为交强险和商业险。机动车交通事故责任强制保险（简称"交强险"）是我国首个由国家法律规定实行的强制保险制度。交强险是每一辆车都必须投保的，它是负责在发生交通事故时致使受害人遭受人身伤亡或者财产损失的赔偿。交强险赔偿限额见表3-1-1。

表3-1-1　交强险赔偿限额

责任	死亡伤残/元	医疗费用/元	财产损失/元
有责	180 000	18 000	2 000
无责	18 000	1 800	100

2. 商业险保险简介

机动车商业保险的险种分主险和附加险两部分。主险是对车辆使用过程中大多数车辆使用者经常面临的风险给予保障。主险包括机动车损失保险、机动车第三者责任保险、机动车车上人员责任保险，共三个独立的险种。投保人可以选择投保全部险种，也可以选择投保其中部分险种。

附加险是对主险保险责任的补充，附加险不能单独承保，必须投保相应的主险后才能承保。具体险种见图3-1-1。

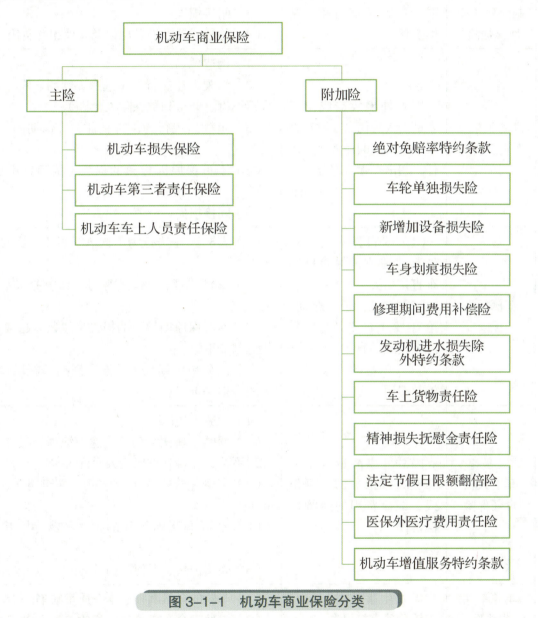

图3-1-1 机动车商业保险分类

机动车损失保险负责赔付因自然灾害、意外事故造成被保险机动车直接损失和机动车合理的施救费。机动车第三者责任保险负责赔付发生意外事故时，致使第三者遭受人身伤亡或财产直接损毁，超过机动车交通事故责任强制保险各分项赔偿限额的部分。机动车车上人员责任保险负责赔付发生意外事故，致使车上人员遭受人身伤亡的损失。机动车第三者责任保险和机动车车上人员责任保险都有责任限额，由投保人和保险人在签订保险合同时协商确定。在保险理赔中，如果这两个险种负责赔付的部分数额比较大，要留意是否超出保险的责任限额。商业险险种保险责任和责任免除，具体见表3-1-2。

表3-1-2 机动车保险险种保险责任与责任免除要点

性质	险种	保险责任	责任免除要点
强制险	机动车交通事故责任强制保险（简称交强险）	因意外事故造成第三者人身伤残、医疗费用、财产损毁所负的经济赔偿责任	（1）受害人故意造成； （2）被保险人所有的财产及车上的财产； （3）间接损失； （4）仲裁或者诉讼费用以及其他相关费用
商业主险	机动车第三者责任保险	因意外事故造成第三者遭受人身伤亡或财产直接损毁所负的经济赔偿责任，超出交强险部分	（1）伪造现场； （2）驾驶人违法行为（逃逸、饮酒、吸毒、无证、准驾不符、非得到被保险人允许）； （3）车辆违规行为（行驶证、维修期间、盗抢期间）； （4）不可保原因导致的损失（战争、串通制造、改装）； （5）间接损失、贬值、罚款
商业主险	车辆损失保险	（1）因自然灾害、意外事故造成被保险机动车直接损失； （2）被盗窃、抢劫、抢夺发生的全车损失，或者造成的直接损失； （3）必要的、合理的施救费用	（1）驾驶人违法行为（饮酒、吸毒、无证、准驾不符）； （2）车辆违规行为（行驶证、维修期间、犯罪行为）； （3）不可保原因导致的损失（战争、超载、改装、故意制造事故）； （4）部分单独损坏（轮胎、划痕、新增设备、部分盗窃损失）
商业主险	车上人员责任保险	因意外事故造成车上驾驶人或乘员的人身伤残、医疗费用的经济赔偿责任	（1）伪造现场； （2）驾驶人违法行为（逃逸、饮酒、吸毒、无证、准驾不符、非得到被保险人允许）； （3）车辆违规行为（行驶证、维修期间、盗抢期间）； （4）不可保原因导致的损失（战争、串通、改装）； （5）间接损失、贬值、罚款
商业附加险	车轮单独损失险	当发生事故时，仅有车轮单独直接损失	（1）车轮的自然磨损、本身质量缺陷； （2）未发生全车盗抢，仅车轮单独丢失
商业附加险	车身划痕损失险	发生无明显碰撞痕迹的车身划痕损失	（1）故意行为造成的损失； （2）民事、经济纠纷导致的损失； （3）车身表面自然老化

其他附加险种详看保险条款。

二、车险理赔

1. 车险理赔流程

车险理赔流程如图 3-1-2 所示。

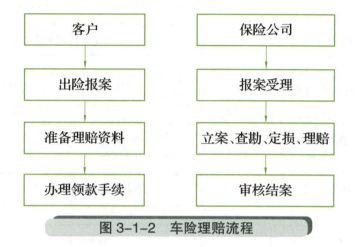

图 3-1-2 车险理赔流程

2. 车险理赔方式

目前大部分保险公司的报案方式有电话报案、微信小程序报案、车主专用 APP 报案、上门报案等。理赔方式主要有线上自助理赔，4S 专营店、合作汽修厂直赔和车主个人理赔。

一般简易事故可以采用线上自助理赔，线上自助理赔流程如图 3-1-3 所示。

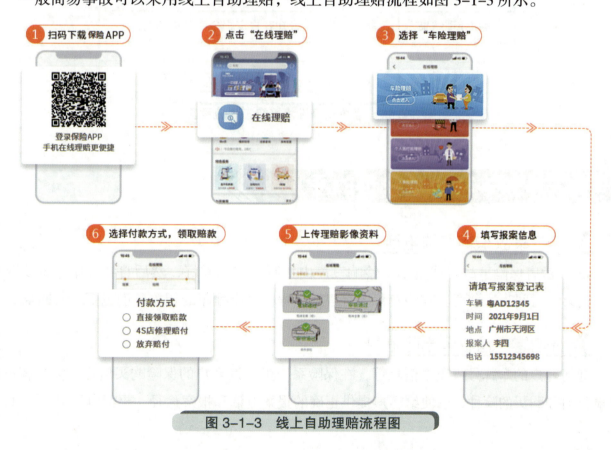

图 3-1-3 线上自助理赔流程图

三、事故车辆维修接待流程

事故车辆维修接待工作流程如图 3-1-4 所示。

图 3-1-4 事故车辆维修接待工作流程图

四、事故车辆维修接待的要点

1. 接听事故车辆咨询电话

4S 专营店保险事故专线电话，铃响三声内接听，首先问好，然后自我介绍，未及时接听须在第一时间表达歉意。有些专营店有售后小程序，小程序的相关咨询也要及时回复。

2. 询问客户信息和出险信息

询问客户的车牌号、车主信息等，在保险系统里查询客户的保险购买信息，关注客户的保险公司和购买的险种，以便给客户提供正确的报案电话和报案途径，报案电话见表 3-1-3。

询问客户出险信息，关注是否有人受伤，并且在第一时间安抚客户，提醒客户安全第一。出险信息一般包括时间、地点、经过。

表 3-1-3　国内各大财产保险公司报案方式

保险公司	报案电话	企业 APP	微信小程序
人保车险	95518	中国人保 APP	
太平洋车险	95500	太平洋保险 APP	
平安车险	95511	平安好车主 APP	平安车险理赔助手
天安车险	95505	天安财险 APP	
中国人寿车险	95519	中国人寿财险 APP	
大地车险	95590	中国大地超 APP	
阳光车险	95510	阳光车生活 APP	
华泰车险	95509		华泰财险
安盛天平车险	95550		安盛天平保险
中银车险	95566		

3. 判断案件类型指导客户处理，引导客户报案

根据客户的描述，提供对应的事故处理建议，告知对应的保险公司的报案电话。发生保险事故后，车主应及时报案，一般事故发生的 48 小时内通知保险公司。不及时通知保险公司，造成的损失无法确定或扩大部分，会造成拒赔。

车主报案时，保险公司会记录以下信息。①报案人、被保险人、驾驶人的姓名和联系方式等。②保单的号码，以便查询保单信息，核对承保情况。③出险的时间、地点、简单原因、事故形态等案件情况。④保险车辆情况，如厂牌、车型、牌照等。若涉及第三方车辆，也需询问第三方车辆的车型、牌照等信息。对属于保险责任的事故，保险公司电话坐席、线上客服会根据案件情况判定是由车主自行拍照上传，或者查勘第一现场。双方事故损失万元以下且责任明确的要签订机动车险小额案件简易理赔程序协议书；双方事故责任不明确，或者损失比较大的报交警处理。如事故损失部分较小、较清晰，可当场定损或者拍照上传事故照片网络远程定损；如损失较严重，则要到 4S 店进行拆检定损。汽车售后服务顾问会在事故车辆到店时做好接待，提前安排好相应工位，并协助客户和保险公司做好拆检定损工作。

4. 提醒客户索赔需要携带的资料

根据具体事故提醒客户携带对应的资料，一般案件都是携带行驶证、驾驶证、被保险人

的身份证。如果被保险人是公司的，相关资料会需要被保险人公章盖章。案件损失比较大的需要提供更详尽的资料。

5. 接待客户，环车检查

接待到店客户，相关内容参考保养车辆的客户接待和环车检查。保险公司理赔原则是，未达到更换标准的，能修则修，新能源汽车要特别关注事故损伤部位，有些高价值的零部件只能返厂维修，维修时长会比较长，例如动力电池外壳剐伤。提前和客户说明，让客户做好车辆维修期的用车安排。

6. 联系保险公司定损

未现场定损或者线上定损的案件，及时联系保险公司定损员进行定损。

（1）保险车辆进厂后确定需要保险公司进行受损车辆损伤鉴定的车辆，保险售后服务专员联系保险公司进行鉴定。未定损前不可拆卸，以免引起纠纷。

（2）积极协助保险公司完成对车辆的查勘和定损等必要工作。

（3）汽车售后服务顾问及时将受损零件列表提交给保险公司，对车辆进行全面定损并协商保险车辆维修费用。

（4）保险公司定损会扣除非本次事故造成的损伤，非本次事故造成的损伤由客户自费处理，客户自费部分需征得客户同意后才能维修。

7. 通知保险处理结果

通知客户定损金额，对比定损金额和维修金额是否有差异，如果是旧痕扣除，或者是免赔部分（购买保险时，约定了绝对免赔额或绝对免赔率的）扣除的，需要和客户详细说明，并且在取车的时候，需要客户支付差价部分。定损确定后，客户可以选择保险公司直接赔款到个人账户，也可以签署直赔协议书（有的保险公司文件名称为直赔协议书，有的保险公司文件名称为实物赔付确认书），由保险公司和4S专营店直接结算。售后服务顾问根据案件要求，让客户补充未提交的理赔资料。

通知客户可以取车时间，如果有其他特殊情况需要延迟交车，需提前和客户沟通。

8. 提交事故车辆索赔资料

及时整理并且提交索赔资料，跟踪赔款进度。单方事故需要的索赔资料包括修车的发票、行驶证和驾驶证、被保险人的身份证和银行卡（直赔不需要银行卡，需要签署直赔协议书）。有的单方损失较大的案件需要交警的证明。

五、简易事故车辆接待实施

1. **任务情景**

2021年8月1日，一辆吉利帝豪EV450纯电动汽车，在外出时，被高速路上弹起的小石头把前风挡玻璃打中了，前风挡玻璃轻微破碎。作为汽车售后服务顾问（保险专员）的你应如何处理？

表3-1-4 简易事故车辆接待应对话术

流程内容	话术
接听电话 （及时接听事故车辆咨询电话）	SA：您好，吉利白云专营店。请问有什么可以帮您？ 客户：我的车发生事故了。 SA：您先别着急，请问这次事故有人受伤吗？ 客户：没有。
记录信息 （询问客户信息和出险信息）	SA：先生，请问您贵姓？ 客户：我姓赵。 SA：赵先生，我现在为您登记一下信息。 请问您的车牌是？ 客户：粤AD336**。 SA：请您详细说明事故的情况。 客户：刚刚在高速上行驶，一个小石头飞起来，把前风挡玻璃打烂了。 SA：在哪里发生的呢？ 客户：在京港澳高速路上。 SA：损失严重吗？除了前风挡玻璃破碎，还有其他的损失吗？ 客户：没有了，前风挡玻璃烂得挺严重的。
判断案件类型 （指导客户现场处理，引导客户报案）	SA：赵先生，请问您现在在什么地方呢？ 客户：我下了高速就找了个地方停下来给您打电话了。 SA：好的，请问您报了保险公司吗？ 客户：还没呢。 SA：根据系统显示，您的爱车是在2020年10月1日购买了平安保险公司的交强险、车损险、第三者责任险和不计免赔率险。您这次的前风挡玻璃损失属于车损险的保险责任。您把车停在安全的地方了，然后就先拨打平安保险的报案电话95511。 客户：会很复杂吗？ SA：不会的，电话坐席会问一下事故的情况，登记报案后，会发给您一个报案号，然后您就可以到我们专营店来维修了，我们专营店是和平安保险深度合作的专营店，您报完案之后，定损可以直接过来我们专营店完成的。 客户：好，那我先报案吧。 SA：好的，3分钟后我再给您电话，协助您，您看可以吗？ 客户：好的。

续表

流程内容	话术
判断案件类型 （指导客户现场处理，引导客户报案）	SA：好的，赵先生，再见！ （3分钟后） SA：您好，是赵先生吗？ 客户：是的。 SA：赵先生，我是刚刚和您通电话的白云专营店汽车售后服务顾问小林，您报案的报案号是多少呢？ 客户：20210801**，保险公司说可以自己用APP拍照定损，也可以打电话叫定损员定损，我说直接去你们店处理。
预约维修时间 （要先定损才能修车）	SA：好的，您是现在过来维修吗？还是另外约时间过来？ 客户：我先去吃个饭，然后下午2点过去。 SA：好的，我先帮您预约维修工位。是这样的，由于前风挡玻璃损坏，会影响行车视线，存在安全隐患。赵先生，您的爱车过来我们门店需要道路救援吗？ 客户：是副驾驶那边烂了。没事，我慢点开，这里离你们专营店也挺近的。 SA：好的，那您开慢一点，并且注意避开颠簸路段。
到店提醒 （提醒携带车辆索赔资料）	SA：赵先生，您过来的时候带上您的身份证、行驶证、驾驶证。 客户：好。 SA：如果您有什么疑问随时致电，赵先生，再见！ 客户：再见。
接待客户 （环车检查，确定受损部位）	SA：您好，赵先生！ SA：我是您本次事故的理赔顾问小林，这是我的名片，接下来，由我协助您办理理赔事项。 客户：好的。 SA：我和您一起检查车辆的受损情况。 （环车检查后） SA：这次事故从外观上看，前风挡玻璃损坏，没有其他的损失。这次的保险事故属于车辆损失保险的保险责任，保单没有其他的绝对免赔约定，前风挡玻璃的损失可以得到全额赔偿。 客户：那太好了。 SA：我们一起去服务前台，我为您详细地说明具体情况。
收集索赔资料 （不同的案件需要收集的资料不同）	SA：赵先生，按照保险理赔规定，你本次理赔需要提供的资料包括行驶证、驾驶证、身份证，麻烦您提供一下。 客户：好，给你。 SA：您需要填写一下这个直赔协议书，这样您不需要垫付维修费，维修费用方面由我们专营店和保险公司结算，到时候修好了，您直接提车就可以了。 客户：没问题。

续表

流程内容	话术
协助定损 （联系保险公司定损）	SA：好的，赵先生，我马上安排拍照定损，预计下午3点左右可以完成，并开始维修。预计明天下午3点就可以提车了。 客户：换玻璃要那么久的吗？ SA：赵先生，是这样的，保险公司赔付的是普通的玻璃胶，需要24小时才能干透。如果玻璃胶没干透，开出去了后期会有漏水的风险。您是着急用车吗？如果着急可以购买快干胶，2个小时完全干透，下午5点就可以提车了。需要补差价168元。 客户：我不着急，用普通胶就可以了。 SA：如果车辆在维修过程中发现任何问题，我会及时通知您的。 客户：好的，我先回去了。 SA：好的，赵先生，我送送您。 （拍照定损） （1）车头45°角全景照； （2）车尾45°角全景照； （3）更换前受损照（远——近）； （4）更换前扩损照； （5）旧玻璃标； （6）车架号； （7）拆卸完旧玻璃带车牌照； （8）更换好玻璃带车牌照； （9）新玻璃标； （10）行驶证正副页（如果行驶证盖章过期，拍有效期年检标）； （11）驾驶证正副页； （12）被保险人身份证正反面； （13）直赔协议书照片。
通知处理结果 （告知客户定损金额及取车时间）	SA：您好，赵先生，我是您的理赔顾问小林，您的车保险公司定损完毕，这次前风挡玻璃更换的是原厂前风挡玻璃，定损价格为1 500元，车辆已经进入车间维修了。取车时间和我们之前预估的一样，明天的下午3点就可以过来提车了。 客户：好的。 SA：那我们明天见。 客户：好的。 SA：赵先生再见。
索赔结案 （提交事故车辆索赔资料）	有些案件的索赔资料比较简单，在定损时候已经一起上传。有些案件比较复杂，后期补充上传提交索赔资料。

2. 相关单据

填写直赔协议书/实物赔付确认书，如表3-1-5所示。

表 3-1-5　直赔协议书/实物赔付确认书

实物赔付确认书

尊敬的××车险客户,您好!

感谢您对××保险股份有限公司的信任与支持!

您在我司投保的车牌号为 粤AD336** 的车辆,于 2021 年 8 月 1 日 11 时发生保险事故,车辆驾驶人 赵明 ,报案号为 20210801** ,造成车牌号为 粤AD336** 的车辆损失。为进一步提升车险理赔服务质量,×××保险公司推出实物赔付服务,由我公司向修理厂购买修理服务并根据合同约定支付修理费。

为了保障您的合法权益,与您约定如下:

一、标的车车牌号: 粤AD336** 同意前往 广州铭福吉利汽车销售有限公司 (修理厂名称)进行维修;

二、三者车车牌号: ／ 同意前往 ／ (修理厂名称)

进行维修。

被保险人或其授权人: 赵明

三者车主或其授权人: ／

被保险人或其授权人证件号码: 44092619921010****

2021 年 8 月 1 日

任务2　双方事故车辆接待

📝 任务目标

1. 能根据不同的交通事故,选择合适的事故处理方案。
2. 能规范指导车主填写相关索赔资料。
3. 能根据不同的事故收集和整理索赔资料,提高索赔效率和客户满意度。

📝 任务导入

2021 年 8 月 1 日,一辆 2018 款吉利帝豪 EV450 纯电动汽车,在外出时与三者车相撞,两辆车都有损失,且损失比较严重,无人伤亡。作为汽车售后服务顾问(保险专员)的你应如何处理?

知识链接

一、不同的险种场景的处理方法

1. 单方事故

（1）标的车单车碰撞事故，属于车辆损失险的保险责任。

车辆损失轻微的事故，可以把车停在安全的地方，用电话或者 APP 报案处理。然后根据提示，开到保险公司合作的专营店定损和维修。

车辆损失严重的事故，如果车辆能开动，首先要把车挪到安全的地方；如果不能开动，在车后放置三角反光牌危险警告标志，为了提高安全性，同时打开后箱盖。车上人员撤离车内，到路基以外的地方再报案，根据电话报案坐席提示，有可能安排现场查勘或建议报警，然后再开到保险公司合作的专营店定损和维修。

如果车上有人员受伤，属于车上人员责任险的保险责任。

（2）玻璃单独破碎，属于车辆损失险的保险责任。使用电话或者 APP 报案处理，然后根据报案提示，开到保险公司合作的专营店定损和维修。可以由车主自己拍照 APP 上传线上定损，也可以由合作专营店拍照上传线上定损。

（3）全车被盗抢，属于车辆损失险的保险责任。使用电话或者 APP 报案处理，并报警处理，公安部门通知无法寻回时，或者寻回后的车辆维修费用，由保险公司赔付。如果是盗抢寻回，把车辆开到保险公司合作的专营店定损和维修。

（4）车身划痕，属于车身划痕损失险的保险责任。使用电话或者 APP 报案处理，然后根据报案提示，确定是否需要报警处理，然后开到保险公司合作的专营店定损和维修。可以由车主自己拍照 APP 上传线上定损，也可以由合作专营店拍照上传线上定损。

2. 双方事故

（1）标的车与三者车相碰撞（无人受伤），标的车有责的情况，涉及交强险、车损险、第三者责任险。使用电话或者 APP 报案处理，责任明确的事故可以填写简易事故处理书；损失比较大或者责任不明确的事故，报交警处理，领取事故责任认定书。然后开到保险公司合作的专营店定损和维修。如果有人受伤，建议第一时间报交警处理。

（2）标的车和物体相碰撞，涉及交强险、车损险、第三者责任险。使用电话或者 APP 报案处理，然后根据报案提示，确定是否等待现场查勘，车辆开到保险公司合作的专营店定损和维修。物损由交强险先赔付，不足部分由第三者责任险负责。

二、新能源汽车事故损失与处理注意事项

发生交通事故的时候，由于新能源汽车与普通汽车的结构有所不同，表 3-2-1 列出发生

交通事故可能涉及的新能源零部件以及处理注意事项。

表 3-2-1 新能源汽车事故类型与损伤注意事项

事故类型	损伤部位与注意事项
碰撞事故	1. 正面碰撞，可能会造成电机控制器、DC-DC 转换器、充电口的损坏，要注意漏电的情况，避免造成车辆受损和人员伤害。 2. 侧面碰撞，可能会造成电池包变形损坏，或者侧面充电口的损坏。 3. 尾部碰撞，可能会造成电池包变形受损。 4. 车辆高压配件厂家不提供单独可供更换的零件，只能更换总成
拖底事故	1. 一般的拖底可能会造成动力电池壳体划伤、凹陷、破裂。 2. 严重托底事故可能会导致动力蓄电池模组损伤、内部短路、冒烟起火等。 3. 一般专营店没有维修动力电池的资质，遇到动力电池维修问题，一般是返厂维修
水域事故	1. 可能造成车辆线束插接件进水、高压部件进水、动力电池包进水。情况严重时可能导致短路起火。 2. 专营店处理水淹车辆，第一时间车电分离，动力电池单独放置，必要时放电处理
火灾事故	1. 火灾事故可能对动力蓄电池造成损伤，严重时会造成车辆全损，并且全损概率较高。 2. 在确保人员安全后报火警 119，并且以大量的水（最好是消防栓的水龙头）对起火烧穿破损位置进行喷淋

三、新能源汽车各类事故救援流程

新能源汽车发生比较大的事故需要救援，救援流程和普通的汽车救援有一定的区别，参考国家标准《电动汽车灾害事故应急救援指南》，各类事故的处理流程如下。

1. 电动汽车碰撞事故救援处置程序

（1）设置警戒标志。

（2）识别车辆，评估后确定救援方案。

（3）做好救援人员的安全防护。

（4）操作之前固定车辆、切断电源。

（5）确定高压电池及部件位置。

（6）人员搜救及车辆处置。

（7）现场清理。

2. 电动汽车水域事故救援处置程序

（1）识别车辆，侦查环境情况，评估后确定救援方案。

（2）做好救援人员的安全防护。

（3）确定高压电池及部件位置。

（4）解救被困人员。

（5）如果无人员被困，直接进行车辆处置。

（6）现场清理。

3. 电动汽车火灾事故救援处置程序

（1）设置警戒标志。

（2）识别车辆，评估后确定采取的灭火方案。

（3）做好救援人员防护。

（4）火灾扑灭后固定车辆。

（5）如有需要，进行断电。

（6）现场清理。

另外，如果高压电池着火时，大量消防水的使用可降低电池及其内部的温度，可有效阻止燃烧和防止复燃，因此需要使用大量的、持续的消防水，如扑灭电池着火的乘用车时应确保吨以上的消防水。

四、各类事故需要提供的索赔资料

不同保险公司同类型案件需要提供的资料基本大同小异，只是要求会有一些不一样，如表3-2-2所示。例如，索赔申请书和直赔协议书，平安保险一般使用电子版，直接在平安好车主APP上签名授权。有些保险公司需要提供纸质版本。如果是被保险人领取赔款，需要提供被保险人的银行卡，如果是把赔款交由专营店和保险公司结算，被保险人需要签署直赔协议书。如果被保险人是公司时，所有由个人签名的部分，需要盖公章，要留意公章的名称和被保险人一致。单位客户需提供营业执照，事故损失比较大的还需要提供法人身份证。

表 3-2-2 不同类型的损失需要提交的资料

案件类型	相关资料
单方事故（车损）	索赔申请书
	交通事故证明
	车辆修理发票
	车辆施救费发票
	旧件回收单
	行驶证
	驾驶证
	被保险人身份证
	被保险人银行卡信息

续表

案件类型	相关资料
双方事故（车损）	索赔申请书
	交通事故证明
	车辆修理发票（标的/三者）
	车辆施救费发票（标的/三者）
	旧件回收单（标的/三者）
	行驶证（标的/三者）
	驾驶证（标的/三者）
	被保险人身份证（三者身份证）
	被保险人银行卡信息（三者银行卡信息）
	三者交强险保单复印件
三者物损	三者物损赔偿凭证
	三者物损损失清单
	物价局估价单
盗抢事故	机动车登记证书原件
	购车发票
	报案回执
	整套原厂钥匙
	权益转让书
	购置税完税证明原件
	县级以上公安机关案件未侦破及车辆未寻回证明
人伤事故	医疗费：伤者有效身份证、医疗费发票原件、用药清单、病例、诊断证明、转院证明、出院小结
	误工费、护理费：合法合规误工证明（工资单、完税证明）
	残疾赔偿金：伤残鉴定书、户籍证明
	死亡赔偿金：死亡证明、尸检报告、火化证明、户籍注销证明
	被抚养人生活费：被抚养人户籍证明、家庭组成人员证明、被抚养人丧失劳动能力证明

五、双方事故车辆接待实施

任务情景

2021年8月1日，一辆2018款吉利帝豪EV450纯电动汽车，在外出时与三者车相撞，两辆车都有损失，且损失比较严重，无人伤亡。作为汽车售后服务顾问（保险专员）的你应如何处理？双方事故车辆接待话术如表3-2-3所示。

表 3-2-3 双方事故车辆接待话术

流程内容	话术
接听电话（及时接听事故车辆咨询电话）	SA：您好，吉利白云专营店。请问有什么可以帮您？ 客户：我的车发生事故了。 SA：您先别着急，请问这次事故有人受伤吗？ 客户：没有。
记录信息（询问客户信息和出险信息）	SA：先生，请问您贵姓？ 客户：我姓赵。 SA：赵先生，我现在为您登记一下信息。 请问您的车牌是什么？ 客户：粤 ADSU7**。 SA：请您详细说明事故的情况。 客户：刚刚在路上行驶，一不小心和别人的车撞了。 SA：在哪里发生的呢？ 客户：在天河路 ** 号附近。 SA：损失严重吗？ 客户：我的车现在上不了电了，他的车损失也挺严重的。 SA：这次事故的责任明确吗？是您的责任还是他的责任呢？ 客户：应该是我的责任。 SA：你们的车现在无法挪动，建议人远离损坏车辆，并且放置三角警示牌。 客户：我们现在在路边上站着等了。 SA：对方的车牌号是多少呢？ 客户：粤 AST5**。
判断案件类型，指导客户现场处理，引导客户报案	SA：好的，请问您报了保险公司吗？ 客户：还没呢。 SA：根据系统显示，您的爱车是在 2020 年 10 月 1 日购买了平安保险公司的交强险、车损险、第三者责任险和不计免赔率险。您这次的双方事故属于交强险、车损险和第三者责任险的保险责任。您先拨打平安保险的报案电话 95511。 电话坐席会问一下事故的情况，登记报案后，会发给您一个报案号，电话坐席会根据案件情况判断是否需要现场查勘和是否需要报交警，我们专营店是和平安保险深度合作的专营店，您报完案之后，定损可以直接过来我们专营店完成的。我现在安排道路救援车辆过去您那边。请您保持手机畅通。 客户：好，那我先报案吧。 SA：好的，3 分钟后我再给您打电话，协助您，您看可以吗？ 客户：好的。 SA：好的，赵先生，再见！ （3 分钟后） SA：您好，是赵先生吗？ 客户：是的。 SA：赵先生，我是白云专营店店汽车售后服务顾问小林，您报案的报案号是多少呢？ 客户：20210801*6，保险公司说他们会现场过来查勘，被撞的那辆车报了交警。等查勘员看完我说直接去你们店处理。 SA：好的，我们专营店的道路救援车辆已经过去了，估计还有十多分钟就到了。

续表

流程内容	话术
预约维修时间（要先定损才能修车）	SA：赵先生，我们专营店是和平安保险深度合作的专营店，我们保险管家服务提供定损，维修和理赔全程陪同服务。您是等查勘完直接过来我们专营店吗？ 客户：那我就直接过去吧。 SA：好的，我先帮您预约维修工位。对方的车是什么品牌的车呢？ 客户：他的车也是吉利的。 SA：你们两台车一起过来我们专营店，一起定损和理赔更方便了。 客户：他可能想去佛山修。 SA：赵先生，是这样的，我们专营店与平安保险深度合作，保险公司可以提供直赔服务，直赔服务是指您的车直接到我们专营店定损、维修。费用方面，属于保险赔付部分，由我们专营店和保险公司直接结算，您不需要垫付。对方如果是去非深度合作的维修厂，是没办法享受方便快捷的直赔服务的，有可能要您先垫付维修费，而且在资料提供方面也没那么方便省事。所以，我建议你们两辆车都一起过来我们这边维修。 客户：行，我和他说。
到店提醒（提醒携带车辆索赔资料）	SA：赵先生，您过来的时候带上您的身份证、行驶证、驾驶证。对方也一样要带上这些证件。还有稍后到场的交警会给您一张交警事故认定书。事故认定书是会说明这次事故的责任，还有盖了交警章的。 客户：好。 SA：如果您有什么疑问随时致电，赵先生，再见！ 客户：再见。
接待客户（环车检查，确认受损部位）	SA：您好，赵先生！ SA：我是您本次事故的理赔顾问小林，这是我的名片，接下来，由我协助您办理理赔事项。 客户：好的。 SA：那让我和您一起检查车的受损情况吧！ （环车检查后） SA：这次事故从外观上看，您的右前门损伤严重，还有刚刚反映上不了电的情况，稍后技师会和保险公司定损员一起拆解定损。除了右前门，其他外观的地方没有损伤。您的车辆损失属于车辆损失保险的保险责任。其他非碰撞部位外观内饰完好，您车内有贵重物品吗？请随身携带。 客户：没有的。 SA：我们一起去看看对方的车。 客户：好。 客户：这位是粤 AST5** 的车主李先生。 SA：李先生，您好，您的粤 AST5** 左前方受损，目测前保险杠、左前大灯损伤，预估超过交强险的财产赔付限额 2 000 元，需要用到第三者责任险来赔付。具体的定损金额也要等定损员和技师拆解定损。其他非碰撞部位外观内饰完好，您车内贵重物品请随身携带。 SA：我们一起去服务前台，我为您详细地说明具体情况。

续表

流程内容	话术
收集索赔资料（不同的案件需要收集的资料不同）	SA：赵先生，按照保险理赔规定，你本次理赔需要提供资料包括行驶证、驾驶证、身份证，还有交警事故认定书。李先生，您的行驶证和驾驶证也需要的，麻烦你们提供一下。我这边帮您拍照保存。 客户：好，给你。 SA：李先生，您购买的也是平安保险吗？ 客户：对的。 SA：赵先生，您需要填写一下这个直赔协议书，这样您不需要垫付维修费，维修费用方面由我们专营店和保险公司结算，到时候修好了，你们直接提车就可以了。 客户：没问题。
协助定损（联系保险公司定损）	SA：好的，赵先生，李先生，我马上安排拍照定损，预计下午3点左右可以完成，具体的维修项目要等拆解定损之后才能确定。在我们专营店维修，维修质量是可以放心的。具体的取车时间，稍后维修项目确定后，我再和您详细说明。 SA：如果车辆在定损和维修过程中发现任何问题，我会及时联系您的。 客户：好的，我先回去了。 SA：好的，赵先生、李先生，我送送您。
通知处理结果（告知客户定损金额及取车时间）	SA：您好，赵先生，我是你的理赔顾问小林，你的车保险公司定损完毕，您的车辆定损金额为3 950元，对方的车定损金额为5 800元，车辆即将进入车间维修了，明天下午3点就可以过来提车了。 客户：好的。 SA：赵先生再见。
索赔结案（提交事故车辆索赔资料）	补充上传提交索赔资料； 交通事故认定书； 旧件回收单（标的/三者）； 行驶证（标的/三者）； 驾驶证（标的/三者）； 被保险人身份证（三者身份证）； 被保险人签署的直赔协议书； 三者交强险保单； 与保险公司有定点直赔协议的专营店可以定期提交修车发票。

参考文献

［1］吴敬静. 汽车售后服务与管理［M］. 北京：机械工业出版社，2019.
［2］北京运华科技发展有限公司. 汽车售后服务接待［M］. 北京：机械工业出版社，2019.
［3］赵晓宛，马骊歌，夏英慧. 汽车售后服务管理［M］. 北京：北京理工大学出版社，2019.

目 录

学习情境一　保养车辆的接待与管理 1

　任务 1　预约服务 1

　任务 2　客户接待 9

　　任务 2.1　非预约客户接待 9

　　任务 2.2　预约客户接待 14

　　任务 2.3　制单服务 19

　　任务 2.4　休息引导 24

　任务 3　修后交车 30

　　任务 3.1　追加服务 30

　　任务 3.2　交车准备 35

　　任务 3.3　交车结算 42

　任务 4　客户关怀 47

　　任务 4.1　客户关怀 47

　　任务 4.2　客户投诉处理 52

学习情境二　故障车辆接待与管理 58

　任务 1　维修车辆接待 58

　任务 2　保修车辆接待 65

学习情境三　事故车辆接待与管理 70

　任务 1　简易事故车辆接待 70

　任务 2　双方事故车辆接待 75

学习情境一　保养车辆的接待与管理

任务 1　预约服务

【任务导入】

一辆 2019 款吉利帝豪 EV450 纯电动汽车,系统提示 8 月 1 日该回店做 33 000 公里保养,请进行电话预约。客户刘先生想预约 8 月 1 日上午 10 点,来到吉利白云店做保养。汽车售后服务顾问应该如何工作呢?

【任务分析】

1. 能介绍汽车保养周期及保养项目。
2. 能介绍预约服务的工作流程及行动要点。
3. 能规范填写预约工单及预约看板。
4. 能与客户进行有效沟通,获取客户信息、了解客户需求,根据预约流程要求,完成预约工作任务。

【任务实施】

1. 任务方案制订

任务准备:

客户的行驶证和驾驶证见图 1-1-1,预约空位请参考预约服务管理表(见表 1-1-4)。

图 1-1-1　刘明的行驶证和驾驶证

（1）根据工作流程，结合案例中客户的实际情况，完成小组成员的任务分工（见表1-1-1）。

表1-1-1

角色	姓名	角色	姓名
汽车售后服务顾问			
客户			

（2）根据主动预约工作流程，结合案例中客户的实际情况，完成行动要点或话术编写（见表1-1-2）。

表1-1-2

工作流程	行动要点与话术
预约准备	
致电客户	
说明致电目的	
确认客户需求	

续表

工作流程	行动要点与话术
说明保养信息	
复述预约内容	
预约结束	
提前一天提醒	

2. 计划实施

（1）列出预约服务工作开展所需要的工具，包括各种设施、设备、工作单据等，并准备好这些工具实物。

_____

_____

（2）开展预约服务工作。

（3）填写预约服务登记表（见表1-1-3）、预约服务管理表（见表1-1-4）、预约欢迎看板（见表1-1-5）。

表 1-1-3 预约服务登记表

_____专营店   地址:_____   电话:_____

客户信息			
姓名:	电话:		车型:
车牌号:	里程数:		上次进店时间:
预约信息			
预约来店时间: 年 月 日 时 分		预约交车时间: 年 月 日 时 分	
免费洗车:是□ 否□		付费方式:刷卡□ 现金□	
客户描述			
客户其他需求			

序号	维修内容	工时	单价	工时费	备注
1					
2					
3					
4					
序号	零件名称	数量	单价	零件费	备注
1					
2					
3					
4					
维修费用预估	工时费	零件费	其他		总计

表1-1-4 预约服务管理表

序号	预约时间（AM/PM）	客户姓名	联系电话	车型	车牌号	主要维修项目	预计交车时间（年月日时）	预计工时	汽车售后服务顾问
1	8：00 AM								
2	8：15 AM								
3	8：30 AM								
4	8：45 AM								
5	9：00 AM								
6	2：30 PM								
7	3：30 PM	张涛	150680859**	帝豪EV450	粤AD345**	23 000公里保养	2021-8-1 17：00	1.5	陈媛媛
8	3：00 PM	张奇	1508808****	帝豪EV450	粤AD345**	63 000公里保养，仔细检查底盘	2021-8-1 17：00	2	陈媛媛
9	4：00 PM								
10	4：30 PM								
11	5：00 PM								

表1-1-5 预约欢迎看板

吉利白云专营店欢迎您的预约								
以下预约客户优先服务								8月1日
序号	客户姓名	车牌号码	项目	预约时间	预约状态			汽车售后服务顾问
					1天前确认	1小时前确认	是否按时来店	
1								
2								
3								
4								
5								
6								
7	张奇	粤AD345**	63 000公里保养	3：00 PM	√	√	是	陈媛媛
8	张涛	粤AD345**	23 000公里保养	3：30 PM	/	/	否	陈媛媛
9								
10								
11								

3. 质量检查

请指导老师或实训小组根据预约服务实训评分表（见表1-1-6）评价实训过程，并针对实训过程出现的问题提出改进措施。

表1-1-6 预约服务实训评分表

课程名称	新能源售后服务管理	训练任务	预约服务	姓名		
序号	评价标准			分值	得分	备注
1	问候，说出公司名称			3		
2	说出自己的岗位和姓名			2		
3	说明致电目的			2		
4	询问是否有时间接听电话			5		
5	询问客户来店时间			5		
6	确定来店时间（给客户提供两个以上的时间段选择）			5		
7	确定维修项目			10		
8	费用预估			10		
9	时间预估			10		
10	确认客户其他需求			5		
11	重复预约内容（来店时间/维修项目）			10		
12	询问或确认电话			10		
13	说明预约规则（预约工位保留半小时，前后15分钟）			5		
14	感谢来电，再次自我介绍			5		
15	礼貌结束预约（让客户先挂电话）			3		
16	不打断客户说话，客气、礼貌			5		
17	及时记录预约内容			5		
	合计			100		

4. 评价反馈

请根据自己在本次任务中的实际表现进行评价，填写表1-1-7。

表 1-1-7 预约服务自评表

序号	评价标准	分值	得分	备注
1	能积极参与活动，完成自己任务	10		
2	能够明确工作任务，理解任务在企业工作中的重要程度	10		
3	能介绍汽车保养周期及保养项目	10		
4	能介绍预约服务的工作流程及行动要点	20		
5	能规范填写预约工单及预约看板	10		
6	能与客户进行有效沟通，了解客户需求，根据预约流程要求，完成预约工作任务	30		
7	能按照汽车服务企业"9S"要求管理工作现场	10		
	合计	100		
学习总结				

【学习反馈】

测一测，独立完成下面知识点，巩固提升理论基础。

一、单项选择题

1. （　　）不是汽车维修业务接待人员的工作内容。

A. 电话预约　　　　B. 维修车辆　　　　C. 推销服务及商品　　　　D. 电话回访

2. 对待非预约客户的正确做法是（　　）。

A. 热情接待他们，同时解释预约方式的好处

B. 请非预约客户改日再来，因为维修进度已经安排满了

C. 在当前客户的维修工作完毕后，把下一个预约客户的时间往后推，来接待临时加入的非预约客户

D. 以上都可以

3. 在接听客户来电时，汽车维修业务接待人员应在电话响（　　）声以内接通电话，以表示对客户的尊重。

A. 5　　　　　　　B. 4　　　　　　　C. 3　　　　　　　D. 2

4. （　　）不属于客户预约的要点。

A. 确定并记录客户的要求　　　　　　B. 准备客户欢迎广告牌

C. 准备维修工单所需信息　　　　　　D. 安排好客户车辆的维修技术人员

5. （　　）属于被动预约。
   A. 在行驶过程中车辆突然发生故障　　B. 汽车换季保养
   C. 车友会　　　　　　　　　　　　　D. 促销活动
6. 预约时，汽车维修业务接待人员不必提醒客户携带的物品有（　　）。
   A. 机动车行驶证　　B. 保养手册　　C. 购车发票　　D. 随车工具
7. 以下对预约的认识中正确的是（　　）。
   A. 客户给服务站打电话约定维修时间才叫预约
   B. 预约时因为没有检查客户的车辆，所以不需要报价
   C. 预约时报虚价才能吸引客户来店
   D. 预约过程中应该消除客户的疑问

二、多项选择题

1. 预约服务分类有（　　）。
   A. 主动预约　　　　B. 被动预约　　　C. 电话预约
2. 预约服务的目的是（　　）。
   A. 提高客户满意度　　　　　　　　B. 缩短客户的等待时间
   C. 提前准备好配件　　　　　　　　D. 公司要求要做的（不做也可以）

三、判断题（正确打"√"，错误打"×"）

1. 由于车辆保修和《保养手册》无关，所以保养不需要携带《保养手册》。（　　）
2. 主动询问客户是否有其他维修需求。（　　）
3. 进行预约提醒。（　　）
4. 客户想要预约哪个时间段过来保养就预约哪个时间段。（　　）
5. 询问客户是否方便接听电话。（　　）
6. 只需要和客户说明维修保养项目，价格等到店再说。（　　）
7. 主动报出专营店名称、自己的职位和姓名。（　　）

四、综合运用题

1. 小陈预约了王先生周三来店做保养，王先生爽快地答应了，可周三小陈等了一天，也不见王先生来店。小陈很失望，为什么客户不遵守承诺呢？请分析一下哪些原因会造成客户爽约？如何保证预约客户准时赴约？

2. 如何更好地做好预约服务工作，请草拟一个预约服务工作促进方案。

任务 2　客户接待

任务 2.1　非预约客户接待

【任务导入】

一辆 2019 款吉利帝豪 EV450 纯电动汽车，行驶里程 53 000 公里左右，在当天直接到店，吉利专营店做 53 000 公里保养。作为汽车售后服务顾问的你应如何接待？

【任务分析】

1. 能说出接待准备工作事项。
2. 能说出接待预检工作流程和操作要点。
3. 能规范安装维修防护用品，正确填写外观检查表。
4. 能按照客户接待要求独立执行接待预检工作任务。
5. 能说出汽车定期保养项目内容。
6. 能应用销售技巧推介常见汽车精品。

【任务实施】

1. 任务方案制订

任务准备：

客户的行驶证和驾驶证见图 1-2-1。

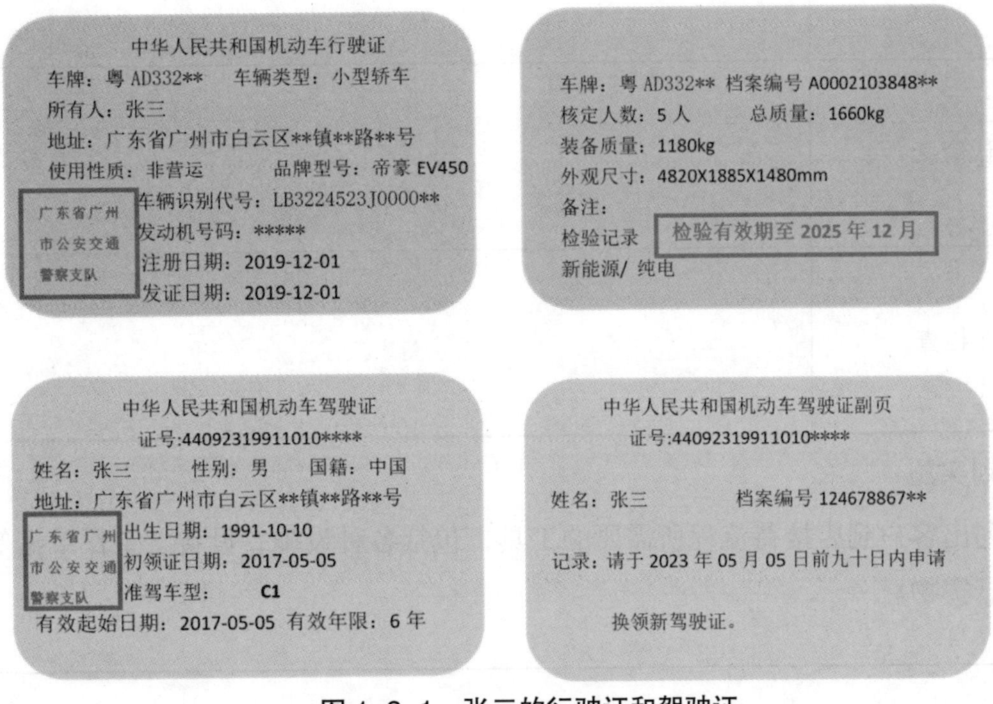
中华人民共和国机动车行驶证
车牌：粤 AD332**　车辆类型：小型轿车
所有人：张三
地址：广东省广州市白云区**镇**路**号
使用性质：非营运　品牌型号：帝豪 EV450
广东省广州市公安交通警察支队
车辆识别代号：LB3224523J0000**
发动机号码：*****
注册日期：2019-12-01
发证日期：2019-12-01

车牌：粤 AD332**　档案编号 A0002103848**
核定人数：5 人　总质量：1660kg
装备质量：1180kg
外观尺寸：4820X1885X1480mm
备注：
检验记录　检验有效期至 2025 年 12 月
新能源/ 纯电

中华人民共和国机动车驾驶证
证号:44092319911010****
姓名：张三　性别：男　国籍：中国
地址：广东省广州市白云区**镇**路**号
广东省广州市公安交通警察支队
出生日期：1991-10-10
初领证日期：2017-05-05
准驾车型：C1
有效起始日期：2017-05-05　有效年限：6 年

中华人民共和国机动车驾驶证副页
证号:44092319911010****
姓名：张三　档案编号 124678867**
记录：请于 2023 年 05 月 05 日前九十日内申请换领新驾驶证。

图 1-2-1　张三的行驶证和驾驶证

（1）根据非预约客户接待流程，结合案例中客户的实际情况，完成小组成员的任务分工（见表1-2-1）。

表1-2-1

角色	姓名	角色	姓名
汽车售后服务顾问			
客户			

（2）根据非预约客户接待流程，结合案例中客户的实际情况，完成话术编写（见表1-2-2）。

表1-2-2

工作流程	行动要点与话术
主动迎接	
问候客户	
引导就座	
确认信息	
环车检查	

2. 计划实施

（1）列出客户到店接待流程所需要的工具，包括各种设施、设备、工作单据等，并准备好这些工具实物。

（2）根据角色安排，参考非预约客户接待流程和话术，完成情景演练。

（3）参考图1-2-1，完成客户档案资料表，见表1-2-3。

表1-2-3 客户档案资料表

姓名	电话	地址	首次送修日期
维修类别	车型	车架号（VIN）	车牌号
维修记录				
送修日期	维修项目	下一次保养期	送修人	客户意见

3. 质量检查

请指导老师或实训小组根据非预约客户接待实训评分表（见表1-2-4）评价实训过程，并针对实训过程中出现的问题提出改进措施。

表1-2-4 非预约客户接待实训评分表

课程名称	新能源汽车售后服务管理	训练任务	非预约客户接待	姓名		
序号	评价标准			分值	得分	减分说明
1	日常项目准备，个人仪容仪表，相关文件材料（预约表、接车问诊单、价目表、六件套）			10		
2	迅速出迎并且礼貌问候客户			10		
3	自我介绍（名片）			10		
4	确认客户姓名并在交谈中使用			10		
5	微笑、眼睛看着对方，保持1m左右的距离			5		
6	引导客户到服务前台（就座礼仪、提供饮品）			20		
7	耐心倾听客户需求（归纳客户需求）			5		
8	核实、更新客户的资料和车辆信息（记录）			5		
9	熟练说明保养内容（项目、费用、时间）			15		
10	交谈时保持微笑，礼貌			5		
11	交谈时注意音量、清晰度、语速和停顿			5		
合计				100		

4.评价反馈

请根据自己在本次任务中的实际表现，参考非预约客户接待自评表（见表1-2-5）进行评价。

表1-2-5 非预约客户接待自评表

序号	评价标准	分值	得分	备注
1	能积极参与活动，完成自己任务	10		
2	能够明确工作任务，理解任务在企业工作中的重要程度	10		
3	能介绍非预约客户接待的工作流程及行动要点	10		
4	能用标准的商务礼仪接待客户	20		
5	能准备相关资料（预约表、接车问诊单、价目表、六件套）	10		
6	能主动迎接、问候客户、引导就座、确认信息、环车检查，根据客户的个性化需求，完成接待工作任务	20		
7	能填写客户档案资料表	10		
8	能按照汽车服务企业"9S"要求管理工作现场	10		
	合计	100		
学习总结				

【学习反馈】

测一测，独立完成下面知识点，巩固提升理论基础。

一、单项选择题

1.汽车售后服务顾问的着装要求（　　）。

A.衬衫、裙子、裤子整洁无褶皱　　B.领带的末端达到皮带扣处

C.女士穿黑色丝袜　　D.无具体要求

2.站姿要求：挺胸、收腹，双手自然叠放于腹前，女员工（　　），男员工（　　）。

A.双脚可微微张开，不能超过肩　　B.双脚成丁字步

3.坐姿要求：上身挺直、坐正，坐椅子的（　　），（　　）双腿略分开，两手分别放在双膝上，（　　）双腿并拢，双手自然交叠。

A.女员工　　B.三分之二　　C.男员工

4. 30度鞠躬时，双手交叉放在腹前，头颈背成一条直线，目光约落于体前（　　）米处，再慢慢抬起，注视对方。

A. 0.5米　　　　　　B. 1米　　　　　　C. 1.5米　　　　　　D. 2米

5. 对待非预约客户的正确做法应当是（　　）。

A. 热情接待他们，同时解释预约方式的好处

B. 请他改日再来，因为维修进度已经安排满了

C. 在当前客户的维修工作完毕后，把下一个预约客户的时间往后推，来接待这位客户

二、多项选择题

1. 每天上班前要做好客户接待的准备工作，包括（　　）。

A. 准备好个人仪容、仪表　　　　　　B. 准备好必要的表单、工具

C. 准备好客户相关资料　　　　　　　D. 准备好整洁干净的工作环境

2. 客户第一次到店要获取客户基本信息，为他建立客户服务档案，内容包括（　　）。

A. 送修人姓名　　　　　　　　　　　B. 联系电话

C. 车主的工作单位　　　　　　　　　D. 车辆VIN码（车辆识别码）

三、判断题（正确打"√"，错误打"×"）

1. 汽车销售顾问接待客户的时候要保持微笑，主动热情。（　　）

2. 客户到店后应及时接车。（　　）

3. 服务大厅内不显示客户的预约信息。（　　）

4. 汽车售后服务顾问独自核实车辆维修记录，维修备忘等。（　　）

5. 客户到店需引导客户停车。（　　）

6. 在接待过程中，应为客户提供饮品或是其他茶水。（　　）

7. 及时核实、更新客户的资料和车辆信息。（　　）

四、综合运用题

张丽没有预约，在5月1日来到4S店做保养，因为当天客户比较多，张丽在店里等了很久才到自己的车做保养，客户非常着急，如果你是接待张丽的汽车售后服务顾问，应该怎么处理客户的情绪并为客户提出合理的建议？

任务 2.2 预约客户接待

【任务导入】

一辆 2019 款吉利帝豪 EV450 纯电动汽车,行驶里程 33 000 公里左右。客户刘先生按照预约时间,来到吉利白云店做保养。作为汽车售后服务顾问的你应如何接待?

【任务分析】

1. 能说出接待准备工作事项。
2. 能说出接待预检工作流程和操作要点。
3. 能规范安装维修防护用品,正确填写外观检查表。
4. 能按照客户接待要求独立执行接待预检工作任务。
5. 能说出汽车定期保养项目内容。
6. 能应用销售技巧推介常见汽车精品。

【任务实施】

1. 任务方案制订

任务准备:

(1)根据预约客户接待流程,结合案例中客户的实际情况,完成小组成员的任务分工(见表1-2-6)。

表 1-2-6

角色	姓名	角色	姓名
汽车售后服务顾问			
客户			

(2)根据预约客户接待流程,结合案例中客户的实际情况,完成话术编写(见表1-2-7)。

表 1-2-7

工作流程	行动要点与话术
主动迎接	

续表

工作流程	行动要点与话术
主动迎接	
问候客户	
安装维修保护套	
环车检查	
发现额外维修项目	
确认客户需求	
引导到服务前台	

2. 计划实施

（1）列出客户到店接待流程所需要的工具，包括各种设施、设备、工作单据等，并准备好这些工具实物。

（2）根据角色安排，参考预约客户接待流程和话术，完成情景演练。

（3）完成接车问诊单，见表1-2-8。

表1-2-8 接车问诊单

来店时间		客户		联系电话		行驶里程	km
车牌号码		车辆型号		VIN码		备注	

功能确认：（正常打"√"，不正常打"×"） □音响系统　　　　　□雨刮 □中央门锁（防盗器）　□后视镜 □天窗　　　　　　　□四门玻璃升降	外观确认：H 划痕　P 破裂　D 丢失　F 腐蚀（掉漆）
物品确认：（有打"√"，无打"×"） 100% 80% 60% 40% 20% 0%　　□贵重物品已提醒用户带离车辆 　　　　　　　　　　　　　□随车工具　□千斤顶 　　　　　　　　　　　　　□备胎　　　□灭火器	（如有损伤，在相应部位做标记）

故障问诊·诊断报告

发生频度	□经常　□只有一次　□有时　□每（　　）日一次　□每（　　）月一次　□其他
工作状态	□冷机时　□热机时　□起动时　□挡位（　　）□空调（开/关）　□其他
道路状态	□一般道路　□高速道路　□水泥路面　□沥青路面　□砂石路面　□其他
行驶状态	□速度（　~　）□急加速时　□缓加速时　□急减速时　□缓减速时　□其他

故障现象描述	故障原因分析	故障处理方法

服务顾问提醒	本店已提醒用户将车内贵重物品带离车辆并妥善保管，如有丢失恕与本店无关。
用户确认	汽车售后服务顾问

3. 质量检查

请指导老师或实训小组根据预约客户接待实训评分表见表1-2-9评价实训过程，并针对实训过程出现的问题提出改进措施。

表1-2-9 预约客户接待实训评分表

课程名称	新能源汽车售后服务管理	训练任务	预约客户接待	姓名		
序号	评价标准			分值	得分	减分说明
1	邀请客户一起检查车辆状况（说明原因）			10		
2	当面安装维修保护套			10		
3	接车问诊单上记录总里程、电量			10		
4	提醒客户带走车内贵重物品			5		
5	规范记录车辆任何损坏迹象			5		
6	规范打开引擎盖目测高压低压线束插头			5		
7	查看轮胎和轮毂，规范记录相关情况			5		
8	记录个别零部件或附件的缺失情况（例如灭火器）			5		
9	与客户复述所记录的车辆状况（签名）			10		
10	引导客户到服务前台打印委托维修估价单			5		
11	接车问诊单填写完整			10		
12	流程完整			10		
13	礼貌礼仪到位			10		
	合计			100		

4. 评价反馈

请根据自己在本次任务中的实际表现进行评价，见表1-2-10。

表1-2-10 预约客户接待自评表

序号	评价标准	分值	得分	备注
1	能积极参与活动完成自己任务	10		
2	能够明确工作任务，理解任务在企业工作中的重要程度	10		
3	能介绍预约客户接待的工作流程及行动要点	20		
4	能主动迎接、自我介绍，问候客户，安装维修保护套，环车检查，发现额外维修项目，记录并询问客户，确认客户需求，引导到服务前台，根据需求完成接待工作任务	30		
5	能规范填写接车问诊单	20		
6	能按照汽车服务企业"9S"要求管理工作现场	10		
合计		100		

【学习反馈】

测一测，独立完成下面知识点，巩固提升理论基础。

一、多项选择题

1. 在车内检查的项目有（　　）。
   A. 驾驶员座椅　　B. 车内后视镜　　C. 车门油漆　　D. 轮胎和轮毂

2. 下面选项中环车检查的目的是（　　）。
   A. 共同确认并记录车辆情况　　　　B. 帮助客户了解自己车辆的基本情况
   C. 保证客户在取车时车辆情况保持一致　　D. 主要为了制造给客户推销产品的机会

3. 接车单需要填写哪些信息？（　　）
   A. 车辆的电量　　　　　　　　B. 记录车身已存在的划伤
   C. 记录缺失的随车工具　　　　D. 提醒客户带走贵重物品

4. 在环车检查过程中，可以发掘客户没有察觉的维修需求，包括（　　）。
   A. 车辆的电量　　　　　　　　B. 车身明显的划痕
   C. 轮胎磨损接近极限　　　　　D. 雨刮器刮片磨损

5. 检查车辆正前方，包括（　　）。
   A. 检查前照灯、前雾灯　　　　B. 检查前保险杠
   C. 检查发动机舱盖　　　　　　D. 进气格栅及车标

6. 检查车辆右前侧，包括（　　）。
   A. 检查右前翼子板、右后视镜有无损伤
   B. 检查前风挡玻璃的损伤情况
   C. 检查右前轮胎是否有不均匀磨损、裂纹
   D. 检查右前轮毂是否有损伤，轮毂盖是否遗失

二、判断题（正确打"√"，错误打"×"）

1. 客户表示不用防护用具也可以，就不需要铺设防护六件套了。（　　）
2. 不可以倚靠开启状态的车门或车辆。（　　）
3. 环车检查可以随意检查，不一定采用顺时针或者逆时针的方式。（　　）
4. 在检查过程中一定要提醒客户带走车内贵重物品。（　　）
5. 复述检查记录结果，确认客户需求，客户不签名确认也可以。（　　）
6. 环车检查时，需要客户提供维护手册。（　　）
7. 杂物箱是客户的私密空间，在打开之前一定要先征求客户的同意。（　　）

三、综合运用题

王先生购买一辆新能源汽车，带着老婆和2岁的孩子第一次来到店里做保养，汽车售后服务顾问在接待王先生时除了要共同确认并记录车辆情况，还要发掘客户没有察觉的维修需求，假如你是接待王先生的汽车售后服务顾问，可能挖掘到哪些需求？

任务 2.3　制单服务

【任务导入】

一辆 2019 款吉利帝豪 EV450 纯电动汽车，行驶里程 33 000 公里左右。客户刘先生按照预约时间，来到吉利白云店做保养。已经完成环车检查，作为汽车售后服务顾问的你如何完成制单服务？

【任务分析】

1. 能说出制单服务工作流程和操作要点；
2. 能按照制单服务要求独立执行制单服务工作任务；
3. 能应用销售技巧推介常见汽车精品。

【任务实施】

1. 任务方案制订

任务准备：

（1）根据预约客户接待流程，结合案例中客户的实际情况，完成小组成员的任务分工（见表 1-2-11）。

表 1-2-11

角色	姓名	角色	姓名
汽车售后服务顾问			
客户			

（2）根据预约客户接待流程，结合案例中客户的实际情况，完成话术编写（见表 1-2-12）。

表 1-2-12

工作流程	行动要点与话术
引导到服务前台	

续表

工作流程	行动要点与话术
核对保养项目	
制作单据	
说明费用和时间	
解答客户疑虑	
签名确认	
安排客户等待时间	

2. 计划实施

（1）专营店的零件费为什么比外面市场上的贵的应对话术。

_____

_____

_____

（2）根据角色安排，参考制单服务流程和话术，完成情景演练。

（3）完成委托维修估价单，见表1-2-13。

表1-2-13 委托维修估价单

_____专营店　　　地址：_____　　　电话：_____

客户信息				车辆信息		
姓名：				车牌号：	VIN码：	
地址：				车型：		
电话：	颜色：	行驶里程：		购车日期：		
报修时间：				承诺交车时间：		
故障现象描述				处理方法		

序号	维修内容	工时	工时单价	工时费	付费类别	开票价	备注
1							
2							
3							

序号	零件名称	零件号	数量	单价	零件费	付费类别	开票价	备注
1								
2								
3								

维修费用预估	总计：	如果您同意本委托维修估价单的预估费用，请签字确认！本费用为预估费用，实际费用以《车辆维修结算单》为准。	客户签字：	服务代表签字：
	工时费：			
	零件费：			
	其他费用：			

一式两联：客户（代取车联，取车时收回）、客户服务代表各一联。

3. 质量检查

请指导老师或实训小组根据预约客户接待实训评分表评价实训过程，并针对实训过程出现的问题提出改进措施。见表1-2-14。

表 1-2-14 制单服务实训评分表

课程名称	新能源汽车售后服务管理	训练任务	制单服务	姓名		
序号	评价标准			分值	得分	减分说明
1	引导客户到服务前台，使用手势，礼貌提醒			10		
2	主动引导客户到服务前台，并协助客户入座			10		
3	制作估价/派工单			10		
4	核对保养项目（保养、维修）			10		
5	说明保养费用及时间（具体）			10		
6	留意客户的反应，是否存在疑问，及时解决			15		
7	请客户在修理单上签字，双手递送纸笔（提车联）			5		
8	询问客户是否在店等待			5		
9	交谈时保持微笑，礼貌			10		
10	交谈时注意音量、清晰度、语速和停顿			15		
	合计			100		

4. 评价反馈

请根据自己在本次任务中的实际表现进行评价。见表 1-2-15。

表 1-2-15 制单服务自评表

序号	评价标准	分值	得分	备注
1	能积极参与活动，完成自己的任务	10		
2	能够明确工作任务，理解任务在企业工作中的重要程度	10		
3	能介绍制单服务的工作流程及行动要点	20		
4	能规范填写委托维修估价单	20		
5	能与客户核实保养项目、时间、费用，根据客户需求，完成制单服务工作任务	30		
6	能按照汽车服务企业"9S"要求管理工作现场	10		
	合计	100		
学习总结				

【学习反馈】

测一测，独立完成下面知识点，巩固提升理论基础。

一、多项选择题

1. 制单服务包括（　　　）。
   A. 说明具体项目内容　　　　　　　　B. 说明使用的零件的情况
   C. 说明需要的费用和时间　　　　　　D. 说明保养技师的名字

2. 纯电动车保养时检查和维护（　　　）。
   A. 动力系统　　　　B. 冷却系统　　　　C. 点火系统　　　　D. 制动系统

3. 建议间隔一年更换雨刮片（　　　）。
   A. 保持前风挡玻璃清洁　　　　　　　B. 没有老化的现象，不可以延长使用时间
   C. 可以提前更换　　　　　　　　　　D. 保障行车安全

4. 空调滤芯的作用是（　　　）。
   A. 过滤空气中的灰尘　　　　　　　　B. 提高车内空气流动速度
   C. 保持车内的舒适环境　　　　　　　D. 1年或2万公里换

5. 关于制动液说法正确的是（　　　）。
   A. 制动液长期在高温高压下工作　　　B. 制动液吸收空气中的水分、氧化变质
   C. 变质的制动液沸点降低　　　　　　D. 氧化的制动液会使刹车性能下降

二、判断题（正确打"√"，错误打"×"）

1. 客户问到才解释保养维修的具体项目内容、需要的费用和时间。（　　）
2. 向客户说清楚保养维修内容即可，委托维修估价单可以不打印。（　　）
3. 定期保养，为车主提供更好的用车保障。（　　）
4. 派工单是给客户的送修凭证和取车凭证。（　　）
5. 专营店提供优质纯正的售后服务配件，所以价格比较贵。（　　）
6. 地区不同，物价水平不同，工时单价不同。（　　）
7. 工时单价是指技师每小时的工作费用。（　　）
8. 车辆保养完成后，和没有保养有很大的区别。（　　）
9. 对所有问题的疑虑都已经得到解答后，邀请客户签名确认交修。（　　）
10. 如果客户去休息室休息，汽车售后服务顾问只需要指出客休区的方向，不需要陪同。
（　　）

三、综合运用题

客户王先生到4S店做83 000公里保养，在汽车售后服务顾问制作委托维修估价单、解释保养费用时提出疑问："为什么广州地区的工时费、零件费都比其他地方贵？"如果你是该汽车售后服务顾问，应该如何做好解释工作？

任务 2.4 休息引导

【任务导入】

一辆2019款吉利帝豪EV450纯电动汽车，行驶里程33 000公里左右。客户刘先生按照预约时间，来到吉利白云店做保养。已经接待客户并且完成了车辆的检查和委托维修估价单的解释工作，客户打算在店等待提车，你应该如何进行休息引导服务？

【任务分析】

1. 能说出接待准备工作事项；
2. 能说出客户休息引导工作流程和操作要点；
3. 能按照休息引导要求独立执行客休服务工作任务；
4. 能应用销售技巧推介常见汽车精品。

【任务实施】

1. 任务方案制订

任务准备：

（1）根据预约客户接待流程，结合案例中客户的实际情况，完成小组成员的任务分工（见表1-2-16）。

表 1-2-16

角色	姓名	角色	姓名
汽车售后服务顾问			
客户			

（2）根据预约客户接待流程，结合案例中客户的实际情况，完成行动要点与话术编写（见表1-2-17）。

表 1-2-17

工作流程	行动要点与话术
引导客户到休息室	

续表

工作流程	行动要点与话术
客休服务——提供饮品	
客休服务——服务介绍	
客休服务——关注需求	
客休服务——满意度调查	
送别客户	

2. 计划实施

（1）使用 NFABI 法介绍一件汽车精品。

（2）根据角色安排，参考休息引导流程和话术，完成情景演练。

（3）填写客户满意度调查问卷（见表1-2-18）。

表1-2-18　客户满意度调查问卷

_____专营店客户满意度问卷调查
非常感谢您光临_____专营店！为了了解您对我们服务的满意程度及建议，使我们的服务更能满足您的需求，现需花费您几分钟的时间，将您的意见、要求填入以下调查表。谢谢！
填写人：____先生/女士　　来店时间：_____年　月　日
1. 当您的车辆该做定期保养时，售后服务人员有没有提醒您？
□A. 没有　　□B. 有
2. 当您到达接车通道时，等了多长时间才有人来接待您？
□A. 30秒内　　□B. 1分钟内　　□C. 1分钟以上
3. 您的车子本次保养，能清楚每个项目的具体费用吗？
□A. 能　　□B. 不能
4. 您会去表扬SA的服务态度吗？
□A. 会　　□B. 不会
您的建议：专营店的维修保养服务，还需要在哪些方面做出改进，才能令您满意呢？您认为该专营店还有哪些方面的工作需要改进，做到更好？

3. 质量检查

请指导老师或实训小组根据休息引导实训评分表评价实训过程，并针对实训过程出现的问题提出改进措施。见表1-2-19。

表 1-2-19　休息引导实训评分表

课程名称	新能源汽车售后服务管理	训练任务	休息引导	姓名		
序号	评价标准			分值	得分	减分说明
1	引导客户到服务前台，使用手势，礼貌提醒			10		
2	主动引导客户到服务前台，并协助客户入座			10		
3	制作委托维修估价单、派工单			10		
4	核对保养项目（保养、维修）			10		
5	说明保养费用及时间（具体）			10		
6	留意客户的反应，是否存在疑问，及时解决			15		
7	请客户在修理单上签字，双手递送纸笔（提车联）			5		
8	询问客户是否在店等待			5		
9	交谈时保持微笑，礼貌			10		
10	交谈时注意音量、清晰度、语速和停顿			15		
	合计			100		

4. 评价反馈

请根据自己在本次任务中的实际表现进行评价。见表 1-2-20。

表 1-2-20　休息引导自评表

序号	评价标准	分值	得分	备注
1	能积极参与活动，完成自己的任务	10		
2	能够明确工作任务，理解任务在企业工作中的重要程度	10		
3	能介绍休息引导工作流程及行动要点	20		
4	能为客户提供免费饮料，提供服务介绍，观察、关注、关心客户需求，根据工作内容，完成休息引导工作任务	30		
5	能执行客户满意度调查工作	20		
6	能按照汽车服务企业"9S"要求管理工作现场	10		
	合计	100		
学习总结				

【学习反馈】

测一测，独立完成下面知识点，巩固提升理论基础。

一、多项选择题

1. 客户在客休区的时候（　　）。
   A. 没有焦虑感
   B. 有愉悦的维修体验
   C. 一定要购买相关汽车精品
   D. 希望了解客户对专营店的整体满意情况

2. 客休专员应该（　　）。
   A. 主动为客户提供免费饮品
   B. 为客户进行环境介绍
   C. 及时清理烟灰缸、茶杯
   D. 进行客户满意度调查

3. 下面说法正确的是（　　）。
   A. N（Need）是发现客户的需求
   B. F（Features）设定场景演示亮点，加快客户做出购买决策
   C. A（Advantages）说明产品在使用的过程中起到什么样的作用
   D. B（Benefits）解释客户使用产品后获得的好处

二、判断题（正确打"√"，错误打"×"）

1. 汽车售后服务顾问把客户送到休息室门口即可。（　　）
2. 客休专员对精品促销信息、租赁、保险及二手车等业务熟悉，能解答相关疑问。（　　）
3. 告知客户专营店的Wi-Fi账号和密码。（　　）
4. 观察客户的水杯，及时给客户续杯，续杯要续10分满，才显得热情周到。（　　）
5. N（Need）发现客户的需求。（　　）
6. F（Features）讲解产品的基本性能和特点。（　　）
7. A（Advantages）说明产品在使用的过程中起到什么样的作用。（　　）
8. B（Benefits）解释客户使用产品后获得的好处。（　　）
9. I（Impact）设定场景演示亮点，加快客户做出购买决策。（　　）

三、综合运用题

小刘是客休专员，为了给客户创造一个良好的休息环境、提高客户满意度，每天应该如何维护休息室，请为小刘做一个维护休息室的计划。

区域	维护计划
电脑上网区	
电视机	
桌椅、沙发	
杂志架	
饮料、饮食	

任务 3　修后交车

任务 3.1　追加服务

【任务导入】

　　一辆 2019 款吉利帝豪 EV450 纯电动汽车，行驶里程 33 000 公里左右。客户刘先生按照预约时间，来到吉利白云店做保养，在汽车售后服务顾问制作完委托维修估价单后，客户刘先生离店去上班，准备下班时再来取车。作为汽车售后服务顾问，应该如何跟进车辆（跟进车辆时维修师傅告知刘先生的刹车灯已坏，需要维修），如何根据客户需要执行追加工作？

【任务分析】

　　1. 能说出车辆跟进、追加服务的流程和操作要点；
　　2. 能规范制作委托维修估价单、车辆维修结算单；
　　3. 能根据保养进度独立执行车辆跟进工作任务；
　　4. 能按照客户需求执行追加工作。

【任务实施】

1. 任务方案制订

任务准备：

（1）根据工作流程，结合案例中客户的实际情况，完成小组成员的任务分工（见表 1-3-1）。

表 1-3-1

角色	姓名	角色	姓名
汽车售后服务顾问		维修技师	
客户			

（2）根据追加服务流程，结合案例中客户的实际情况，完成行动要点与话术编写（见表 1-3-2）。

表 1-3-2

工作流程	行动要点与话术
跟进保养进度	

续表

工作流程	行动要点与话术
获取追加项目	
确认配件与时间	
致电客户	
说明追加必要性	
解析费用	
说明交车时间	
更新单据	
及时汇报进度	

2. 计划实施

（1）列出追加服务所需要的工具，包括各种设施、设备、工作单据等，并准备好这些工具实物。

（2）执行追加服务工作。

（3）制作新的委托维修估价单（见表1-3-3）。

表 1-3-3　委托维修估价单

_____专营店　　地址:_____　　电话:_____

客户信息				车辆信息	
姓名:			车牌号:		VIN 码:
地址:			车型:		
电话:	颜色:	行驶里程:		购车日期:	
报修时间:			承诺交车时间:		
故障现象描述			处理方法		

序号	维修内容	工时	工时单价	工时费	付费类别	开票价	备注
1							
2							
3							
4							
5							
6							
7							
8							
9							

序号	零件名称	零件号	数量	单价	零件费	付费类别	开票价	备注
1								
2								
3								
4								
5								
6								
7								
8								
9								
10								
11								

维修费用预估	总计:	如果您同意本委托维修估价单的预估费用，请签字确认！本费用为预估费用，实际费用以《车辆维修结算单》为准。	客户签字:	服务代表签字:
	工时费:			
	零件费:			
	其他费用:			

一式两联：客户（代取车联，取车时收回）、客户服务代表各一联。　　　　共　页　第　页

3. 质量检查

请指导老师或实训小组根据追加服务实训评分表评价实训过程，并针对实训过程出现的问题提出改进措施，追加服务实训评分表如表 1-3-4 所示。

表 1-3-4 追加服务实训评分表

课程名称	新能源汽车售后服务管理		训练任务	追加服务	姓名		
序号	评价标准				分值	得分	减分说明
1	关注保养进展与作业完工情况				5		
2	获取追加项目，了解追加原因和相关数据				5		
3	确认配件库存和预计延迟的交车时间				5		
4	致电客户，说明追加项目				5		
5	提供检测数据或原因说明追加项目的必要性				5		
6	详细说明更换项目工时费、零件费、总费用				10		
7	说明追加项目需要的维修时间、延迟交车时间				10		
8	征得客户的同意后，更新委托维修估价单（若不同意维修，涉及安全件的，请客户签字）				10		
9	及时汇报进度				5		
10	交谈时要站在客户的角度思考，让客户理解追加服务工作				10		
11	交谈时保持微笑、礼貌				10		
12	交谈时注意音量、清晰度、语速和停顿				10		
13	沟通技巧				10		
	合计				100		

4. 评价反馈

请根据自己在本次任务中的实际表现在追加服务工作自评表进行评价。追加服务工作自评表如表 1-3-5 所示。

表 1-3-5 追加服务工作自评表

序号	评价标准	分值	得分	减分说明
1	能积极参与活动，完成自己的任务	10		
2	能够明确工作任务，理解任务在企业工作中的重要程度	10		
3	能说出车辆跟进、追加工作流程和操作要点	15		
4	能规范制作委托维修估价单	15		
5	能根据保养进度执行车辆跟进工作	20		
6	能按照客户需求执行追加工作	20		
7	能按照汽车服务企业"9S"要求管理工作现场	10		
	合计	100		
学习总结				

【学习反馈】

测一测，独立完成下面知识点，巩固提升理论基础。

一、单项选择题

1. 车辆派工环节，哪些工作任务不是汽车售后服务顾问的职责。（   ）
   A. 将保养车辆移至待保养区　　　　　　B. 将车辆、派工单移交给车间主管或者调度
   C. 告知车主的要求　　　　　　　　　　D. 安排车间师傅执行维修保养工作

2. 在保养预计工期进行到（   ）的时候询问车间是否发现新的车辆故障。
   A. 20%　　　　　B. 40%　　　　　C. 40%　　　　　D. 50%

3. 在预计交车时间前（   ），去车间了解保养（含洗车）是否全部完成。
   A. 10分钟　　　　B. 20分钟　　　　C. 30分钟　　　　D. 40分钟

二、多项选择题

1. 说明追加必要性，需要注意哪些操作要点？（   ）
   A. 说明故障问题或故障现象
   B. 说明引起故障问题或故障现象的原因、提供维修技师的检测数据
   C. 结合故障原因，为客户提供合理的解决方案
   D. 征求客户的意见，由客户决定是否需要追加服务

2. 追加服务时，除了说明追加必要性，还需要与客户说明哪些内容？（   ）
   A. 追加项目的费用　　　　　　　　　　B. 追加项目的维修时间
   C. 交车时间　　　　　　　　　　　　　D. 下次保养的时间

三、判断题（正确打"√"，错误打"×"）

1. 由于车间负荷、工位、人员、备件等多方面因素的影响，车辆保养时间也会有所变化，因此汽车售后服务顾问需要关注车间的保养工作情况，确保能及时交车。（   ）

2. 追加服务是指在汽车售后服务顾问将车辆、委托维修估价单移交给车间后，车辆已经开始进行保养时发现车辆有新的故障状况，按照客户需求执行追加工作。（   ）

3. 客户若不在现场，可通过电话、短信、微信等方式确认客户是否同意追加服务。（   ）

4. 当客户同意追加服务时，需要更新委托维修估价单，并让客户签名确认。（   ）

5. 当客户同意追加服务时，若客户不在店内，无须更新委托维修估价单。（   ）

四、综合运用题

小陈是汽车售后服务顾问，维修技师认为需要追加维修，需要小陈与客户确定追加维修服务，但是小陈说服客户追加服务的成功率较低，造成这种现象的原因可能有哪些呢？应该怎么改进工作？

任务 3.2　交车准备

【任务导入】

一辆 2019 款吉利帝豪 EV450 纯电动汽车,行驶里程 33 000 公里左右。客户刘先生按照预约时间,来到吉利白云店做保养,汽车售后服务顾问接到维修车间的可以交车通知,在交车给客户前,汽车售后服务顾问应该做哪些准备工作呢?

【任务分析】

1. 能说出车辆交接的流程和操作要点;
2. 能规范制作委托维修估价单、车辆维修结算单;
3. 能根据保养进度独立执行车辆跟进工作任务;
4. 能按照工作标准独立执行交车工作任务。

【任务实施】

1. 任务方案制订

任务准备:

(1)根据工作流程,结合案例中客户的实际情况,完成小组成员的任务分工(见表 1-3-6)。

表 1-3-6

角色	姓名	角色	姓名
汽车售后服务顾问			
客户			

(2)根据交车前准备工作流程,结合案例中客户的实际情况,完成行动要点与话术编写(见表 1-3-7)。

表 1-3-7

工作流程	行动要点与话术
内部车辆交接	

续表

工作流程	行动要点与话术
确认完成所有项目	
检查车辆清洁情况	
检查车上物品	
完成相关书面工作	
通知客户提车	

2. 计划实施

（1）执行内部车辆交接工作。

（2）根据交车前外观及车况检查表（见表1-3-9），核实车辆维修结算单（见表1-3-10），对车辆做检查工作（见表1-3-8）。

表1-3-8

序号	旧件名称	序号	旧件名称
1		5	
2		6	
3		7	
4		8	

（3）准备旧件。

（4）完成相关书面工作（表1-3-10 车辆维修结算单、图1-3-1 保养记录、图1-3-2 保养提醒卡、图1-3-3 放行条）。

定期保养	定期保养
_____ km	_____ km
本次保养日期：____年____月____日	本次保养日期：____年____月____日
本次保养公里数：_____公里	本次保养公里数：_____公里
下次保养日期：____年____月____日	下次保养日期：____年____月____日
下次保养公里数：_____公里	下次保养公里数：_____公里
服务站签字或盖章：_____	服务站签字或盖章：_____

图 1-3-1　保养记录

_____ 专营店提醒您

尊敬的客户：

为了更好地保护您的爱车，我们特别提醒您

下次保养的里程为_____km

下次保养时间为____年____月____日(先到为准)

下次保养内容为_____

24小时服务热线：　　　　　保险电话：

地址：

图 1-3-2　保养提醒卡

_____ 店汽车放行条

车牌号：

事由：

日期：

(盖章后当天有效)

图 1-3-3　放行条

（5）通知客户取车

表 1-3-9　交车前外观及车况检查表

客户服务代表：_____　　日期：_____　　_____专营店
车牌号：_____　　车型：_____　　行驶里程：_____

项目（在检查结果栏，正常打"√"，不正常打"×"）		检查结果	问题点描述
外观检查	四门内饰板洁净		
	顶内饰板洁净		
	前后座椅洁净		
	脚垫洁净		
	四门外表面洁净		
	前后盖表面洁净		
	前后风挡玻璃洁净		
	车顶外表面洁净		
	前后轮胎及挡泥板洁净		
	钣喷车辆的钣喷位置附近缝隙处洁净		
车况检查	音量大小恢复到原来设置		
	收音机恢复常用频道设置（涉及断开蓄电池维修）		
	座椅和方向盘位置保持不变		
	驾驶室内物品归位（特别是拆装仪表台操作后）		
	倒车影像功能正常		
	车辆钥匙功能正常		
	车辆供电功能正常		
	车内附件（点烟器天线、备胎工具包等未缺失）		
	烟灰缸清理干净		
	仪表台各电器处于关闭状态		
	帮客户校对时钟时间（若有变动向客户说明）		
其他确认	六件套当客户面取下		
	询问客户是否带走剩余物品（旧件）		
	将客户代为托管的物品交给客户		
	轿车材料交齐（特别是出险车辆）		

汽车售后服务顾问签名：　　　　　　　　　　　　　　　　　　　时间：　年　月　日
客户签名：　　　　　　　　　　　　　　　　　　　　　　　　　时间：　年　月　日

表1-3-10 车辆维修结算单

_____ 专营店　　　地址:_____　　　电话:_____

客户信息				车辆信息	
姓名:				车牌号:	VIN码:
地址:				车型:	
电话:	颜色:		行驶里程:		购车日期:
报修时间:				承诺交车时间:	
建议维修项目					

序号	维修内容	工时	工时单价	工时费	付费类别	开票价	备注
1							
2							
3							
4							
5							
6							
7							
8							
9							
10							

序号	零件名称	零件号	数量	单价	零件费	付费类别	开票价	备注
1								
2								
3								
4								
5								
6								
7								
8								
9								
10								

维修费用预估	总计:	结算费用	应收:	客户签字:	服务代表签字:
	工时费:		工时费:		
	零件费:		零件费:		
	其他费用:		其他费用:		

一式三联：客户、客户服务代表、财务各一联。

3. 质量检查

请指导老师或实训小组根据交车准备实训评分表评价实训过程,并针对实训过程出现的问题提出改进措施。交车准备实训评分表如表1-3-11所示。

表1-3-11 交车准备实训评分表

课程名称	新能源汽车售后服务管理	训练任务	交车准备	姓名		
序号	评价标准			分值	得分	减分说明
1	与车间主管交接车辆(保养维修项目的书面记录、表单表据,维修技师和质检员签字确认信息、车辆钥匙、车)			10		
2	确认完成所有的维修项目			10		
3	准备好旧件			10		
4	检查车辆清洁情况(填写交车前外观及车况检查表)			15		
5	车辆内部恢复入厂时的设置(收音机频道和座椅)			10		
6	检查车上物品,是否有遗漏工具、将旧件置于后尾箱			10		
7	完成相关书面工作(车辆维修结算单、保养记录、保养提醒卡、放行条)			20		
8	通知客户提车			10		
9	交谈时保持微笑,礼貌			3		
10	交谈时注意音量、清晰度、语速和停顿			2		
	合计			100		

4. 评价反馈

请根据自己在本次任务中的实际表现进行评价,交车准备自评表如表1-3-12所示。

表1-3-12 交车准备自评表

序号	评价标准	分值	得分	减分说明
1	能积极参与活动,完成自己的任务	20		
2	能够明确工作任务,理解任务在企业工作中的重要程度	20		
3	能说出交车前准备工作流程和操作要点	20		
4	交车前准备工作(车辆的准备工作)	30		
5	能按照汽车服务企业"9S"要求管理工作现场	10		
	合计	100		
学习总结				

【学习反馈】

测一测，独立完成下面知识点，巩固提升理论基础。

一、多项选择题

1. 检查车辆清洁情况包括哪些？（　　）
   A. 车辆外观
   B. 车内、行李舱清洁情况
   C. 旧件是否放在行李舱

2. 完成相关书面工作包括（　　）。
   A. 保修手册盖章
   B. 保养提醒卡
   C. 准备放行条
   D. 准备预约单

3. 交车前准备工作需要做以下哪些工作？（　　）
   A. 核对估价明细，打印车辆维修结算单
   B. 恢复车辆内部收音机频道和座椅等入厂时的设置
   C. 完成保修手册盖章保养提醒卡等相关书面工作
   D. 确认完成所有的维修项目，准备好旧件
   E. 通知客户提车
   F. 交车前外观及车况检查表检查车辆清洁情况

二、判断题（正确打"√"，错误打"×"）

1. 交车前准备工作需要将客户的《保养手册》盖章。（　　）
2. 接待客户时，客户提到不带走旧件，交车前准备无须准备旧件。（　　）
3. 交车前准备工作需要提前打印车辆维修结算单。（　　）
4. 检查车辆内外清洁情况，座椅需要归位，收音频道不用管。（　　）
5. 保养提醒卡不是必须要填写的。（　　）

三、综合运用题

小陈是汽车售后服务顾问，客户在交车的时候，经常有客户反映车的座椅被调整过，车内还有垃圾未清理干净，造成这种现象的原因可能有哪些呢？应该怎么改进工作？

任务3.3　交车结算

【任务导入】

一辆2019款吉利帝豪EV450纯电动汽车，行驶里程33 000公里左右。客户刘先生按照预约时间，来到吉利白云店做保养。现在车辆已经做好保养，汽车售后服务顾问已经通知刘先生取车，作为汽车售后服务顾问，如何进行交车结算工作任务？

【任务分析】

1. 能说出车辆交接的流程和操作要点；
2. 能根据保养进度独立执行车辆跟进工作任务；
3. 能按照工作标准独立执行交车工作任务。

【任务实施】

1. 任务方案制订

任务情景：

（1）根据工作流程，结合案例中客户的实际情况，完成小组成员的任务分工（见表1-3-13）。

表1-3-13

角色	姓名	角色	姓名
汽车售后服务顾问		财务	
客户			

（2）根据交车结算工作流程，结合案例中客户的实际情况，完成行动要点与话术编写（见表1-3-14）。

表1-3-14

工作流程	行动要点与话术
引导至交车区	
成果展示	

续表

工作流程	行动要点与话术
结算单解释说明	
说明下次保养情况	
约定回访	
陪同客户结账	
归还物品	
引导出厂	

2. 计划实施

（1）列出交车结算工作所需要的工具，包括各种设施、设备、工作单据等，并准备好这些工具实物。

_____

_____

（2）执行交车结算工作。

3. 质量检查

请指导老师或实训小组根据交车结算实训评分表评价实训过程，并针对实训过程出现的问题提出改进措施，交车结算实训评分表如表1-3-15所示。

表 1-3-15　交车结算实训评分表

课程名称	新能源汽车售后服务管理	训练任务	交车结算	姓名		
序号	评价标准			分值	得分	减分说明
1	引导至交车区（说明验收车辆）			5		
2	成果展示（保养项目、追加服务、旧件展示）			20		
3	车辆维修结算单解释说明（内容、费用）			10		
4	说明下次保养情况（时间或公里数、提供保养提醒卡）			10		
5	陪同客户结账（支付方式）			5		
6	约定回访（回访时间 3 天以内、确定回访方式）			10		
7	归还物品（保修手册、车钥匙、联络表）			10		
8	引导出厂（取下维修保护套，提供放行条、致谢）			10		
9	交谈时保持微笑，礼貌			10		
10	交谈时注意音量、清晰度、语速和停顿			10		
	合计			100		

4. 评价反馈

请根据自己在本次任务中的实际表现进行评价。交车结算工作自评表如表 1-3-16 所示。

表 1-3-16　交车结算工作自评表

序号	评价标准	分值	得分	减分说明
1	能积极参与活动，完成自己的任务	10		
2	能够明确工作任务，理解任务在企业工作中的重要程度	10		
3	能说出交车结算工作流程和操作要点	30		
4	能独立完成交车结算工作	40		
5	能按照汽车服务企业"9S"要求管理工作现场	10		
	合计	100		
学习总结				

【学习反馈】

测一测，独立完成下面知识点，巩固提升理论基础。

一、单项选择题

1. 交车结算环节需从客户那里回收（　　　）。

   A. 预约单　　　　　　　　　　　B. 委托维修估价单

   C. 车辆维修结算单　　　　　　　D. 派工单

2. 交车时，以下哪些工作任务是错误的？（　　　）

   A. 向客户展示保养和维修效果，证明问题已经解决

   B. 展示免费洗车的清洁度

   C. 告知车内所有设置都还原到接车时的状态

   D. 让客户自行查看维修保养成果

   E. 根据客户的用车情况给客户提供用车小知识

   F. 展示说明更换的旧件

二、多项选择题

1. 交车时需要向客户说明（　　　）。

   A. 下次保养费用　　　　　　　　B. 下次保养里程

   C. 下次保养时间　　　　　　　　D. 下次保养时长

2. 交给客户的资料包括（　　　）。

   A. 保修手册　　　　　　　　　　B. 钥匙

   C. 放行条　　　　　　　　　　　D. 保养提醒卡

3. 归还保养手册时，需要向客户说明（　　　）。

   A. 保养手册已盖章

   B. 按时保养可以享受保修服务

   C. 只要按照保养手册保养车辆就有保修

   D. 整车保修的时间和公里数

三、判断题（正确打"√"，错误打"×"）

1. 将客户引导至车旁边，不要打扰客户，让客户自行检查车辆外观。（　　）

2. 在交车环节，无须向老客户提供用车小知识或小建议。（　　）

3. 结合账单向客户说明费用。（　　）

4. 不需要向客户说明下次保养的时间或保养里程。（　　）

5. 在维修备忘录中记录客户拒绝的维修工项和其他未完成工项。（　　）

6. 给客户指出结账处，让他自己去结账。（　　）

7. 结账后将账单与其他文档放在信封中交给客户。　　　　　　　　（　　）
8. 回访电话在三天后打出，时间安排在汽车售后服务顾问有空的时候。（　　）
9. 当客户的面取下维修保护套。　　　　　　　　　　　　　　　　（　　）
10. 把客户送上车，汽车售后服务顾问就可以离开接待其他客户了。（　　）

四、综合运用题

1. 客户郝先生的车做完了保养，汽车售后服务顾问带客户结算的时候，客户提出了疑惑：我感觉天气变冷后，我的车续航里程就变短了，是不是我的车还有啥毛病？

2. 汽车售后服务顾问为客户提供哪些用车建议，才能消除客户的疑问，提高客户满意度呢？

3. 汽车售后服务顾问根据季节变化、用车情况，应该为客户提供哪些用车小知识或者用车建议？

任务 4　客户关怀

任务 4.1　客户关怀

【任务导入】

一辆 2019 款吉利帝豪 EV450 纯电动汽车，行驶里程 33 000 公里左右。客户刘先生两天前来到吉利白云店做完保养，假如你是汽车售后服务顾问，如何根据客户的情况，执行回访工作呢？

【任务分析】

1. 能执行常规的客户回访工作。
2. 能规范填写客户回访记录表。

【任务实施】

1. 任务方案制订

任务情景：

（1）根据工作流程，结合案例中客户的实际情况，完成小组成员的任务分工（见表1-4-1）。

表 1-4-1

角色	姓名	角色	姓名
汽车售后服务顾问			
客户			

（2）根据车辆跟进、追加服务工作流程，结合案例中客户的实际情况，完成行动要点与话术编写（见表1-4-2）。

表 1-4-2

工作流程	行动要点与话术
准备客户服务档案	

续表

工作流程	行动要点与话术
致电客户	
说明致电目的	
询问车况及客户感受	
邀请下次再到店保养	
致谢，结束通话	

2. 计划实施

（1）列出客户回访工作开展所需要的工具，包括各种设施、设备、工作单据等，并准备好这些工具实物。

_____

_____

（2）执行客户回访工作。

（3）完成客户回访记录表（见主教材表1-4-4）。

3. 质量检查

请指导老师或实训小组根据客户回访实训评分表评价实训过程，并针对实训过程出现的问题提出改进措施，客户回访实训评分表如表1-4-3所示。

表1-4-3 客户回访实训评分表

课程名称	新能源汽车售后服务管理	训练任务	客户回访	姓名		
序号	评价标准			分值	得分	备注
1	3天内进行电话回访			5		
2	致电客户：问好，确认客户，是否方便接听			10		
3	感谢客户，说明致电目的（车辆修后关怀）			10		
4	询问车况及客户感受（提供检测数据或原因说明追加必要性）			15		
5	了解客户对专营店的满意度（维修质量、服务、价格）			15		
6	如果客户反映问题时，应及时进行处理			10		
7	邀请下次再到店保养，致谢			10		
8	填写客户回访记录表			5		
9	交谈时保持微笑，礼貌			10		
10	交谈时注意音量、清晰度、语速和停顿			10		
	合计			100		

4. 评价反馈

请根据自己在本次任务中的实际表现进行评价，客户回访自评表如表1-4-4所示。

表1-4-4 客户回访自评表

序号	评价标准	分值	得分	备注
1	能积极参与活动，完成自己的任务	5		
2	能够明确工作任务，理解任务在企业工作中的重要程度	5		
3	能识别客户满意度对经销商或品牌店的影响	20		
4	能介绍客户关系管理的工作内容	20		
5	能执行常规的客户回访工作	40		
6	能按照汽车服务企业"9S"要求管理工作现场	10		
	合计	100		
学习总结				

【学习反馈】

测一测，独立完成下面知识点，巩固提升理论基础。

一、单项选择题

1. 当客户购买后体验＞客户期望，满意度可以评为（　　）。
   A. 非常满意　　　　B. 满意　　　　　　C. 一般　　　　　　D. 不满意
2. 当客户购买后体验＜客户期望，满意度可以评为（　　）。
   A. 非常满意　　　　B. 满意　　　　　　C. 一般　　　　　　D. 不满意
3. 保养后的（　　）个工作日内，需要回访客户，目的是及时发现客户的不满或者抱怨。
   A. 1　　　　　　　B. 2　　　　　　　C. 3　　　　　　　D. 4

二、多项选择题

1. 驾驶提醒以及季节性的关怀包含哪些具体内容（　　）。
   A. 下雨天不要开车外出
   B. 雨雪天气，减速慢行；雨天开车前检查雨刮器，确保正常操作
   C. 季节性变化驾驶注意事项
   D. 以上都是
2. 汽车会员管理包含哪些具体内容（　　）。
   A. 会员办理　　　B. 会员级别管理　　C. 会员折扣管理　　D. 会员积分管理
3. 为新老客户创造沟通的平台，巩固与客户的关系，专营店可以举办答谢活动，包括以下哪些内容（　　）。
   A. 宴会　　　　　B. 发布会　　　　　C. 座谈会　　　　　D. 周年庆
4. 紧急救援服务包含哪些具体内容（　　）。
   A. 拖车服务　　　B. 在线指导　　　　C. 紧急修理　　　　D. 更换轮胎

三、判断题（正确打"√"，错误打"×"）

1. 客户满意度是购买后体验与客户期望的比较值。（　　）
2. 当客户购买后体验＞客户期望，可能会成为忠诚客户，可能会再次购买或者推荐他人购买。（　　）
3. 客户来咨询的，并未购买产品或服务时，无须为客户建立客户档案。（　　）
4. 逢年过节、客户生日时，给客户发送祝福短信，增进与客户的感情，提高忠诚度。（　　）
5. 无须为客户做保险续保或年检提醒。（　　）
6. 建立道路急救服务，可以提升客户服务满意度。（　　）
7. 给客户打回访电话，应该在客户的休息时间打。（　　）

四、综合运用题

客户小王于 2021 年 8 月在吉利白云专营店新买了一辆新能源汽车，请你为客户制订客户关怀计划，其中包括会员管理、短信群发。客户关怀计划表见表 1-4-5。

表 1-4-5

项目	时间/事由	具体工作
会员管理		
保养提醒		
保险、年检提醒		
驾驶提醒、季节性的关怀		
节日祝福短信		

任务 4.2　客户投诉处理

【任务导入】

张先生接到 4S 店短信通知，国庆期间开展保养优惠服务活动，同时赠送精美礼品一份。于是致电预约保养，咨询是否还有手电筒礼品赠送，得到 4S 店肯定答复后即驾车前往。在车辆保养结束后，客户询问礼品事宜，4S 店提供的礼品已发完，只能提供维修站自行准备的礼品。但用户坚持要求手电筒礼品，并在和接待人员交涉过程中产生不满，而向客户服务中心投诉业务接待服务态度问题，如果你是投诉处理专员，应该怎么处理该投诉案件？

【任务分析】

1. 能介绍客户投诉处理的工作流程及行动要点。
2. 能耐心倾听客户关心的问题和抱怨、核实投诉事实并找出原因。
3. 根据客户投诉做出合理的处理方案、与客户协商拟出处理方案，完成客户投诉处理任务。
4. 能规范填写客户投诉处理备忘录。

【任务实施】

1. 任务方案制订

任务准备：

（1）根据工作流程，结合案例中客户的实际情况，完成小组成员的任务分工（见表 1-4-6）。

表 1-4-6

角色	姓名	角色	姓名
汽车售后服务顾问			
客户			

（2）根据客户投诉工作流程，结合案例中客户的实际情况，完成行动要点与话术编写（见表 1-4-7）。

表 1-4-7

工作流程	行动要点与话术
建立投诉档案	

续表

工作流程	行动要点与话术
了解客户关心的问题和抱怨	
核实投诉事实,并找出原因	
与客户协商拟出处理方案	
实施解决方案并解释结果	
对客户进行跟踪回访	
内部改进行动	

2. 计划实施

(1) 列出客户投诉工作所需要的工具,包括各种设施、设备、工作单据等,并准备好这些工具实物。

(2) 执行客户投诉工作。

（3）完成客户投诉处理备忘录（见表1-4-8）。

表1-4-8 客户投诉处理备忘录

投诉编号		受理日期	
客户姓名		客户电话	
车牌号码		VIN码	
车型名称		发动机号	
销售商名称		行驶里程	
购车日期		故障日期	
投诉类型： 服务态度☐　　产品质量☐　　等待时间☐　　专业技术☐　　操作流程☐　　诚实热情☐ 需求分析☐　　准时交车☐　　一次性修复☐　　配件问题☐　　产品价格☐　　其他☐			
客户投诉内容：			
客户期望：			
处理过程及结果：			
用户对处理结果的满意程度如何？ 很不满意☐　　不满意☐　　满意☐　　较满意☐　　很满意☐			

汽车售后服务顾问签字：　　　　　　服务经理签字：　　　　　　存档日期：

3. 质量检查

请指导老师或实训小组根据客户投诉处理实训评分表评价实训过程，并针对实训过程出现的问题提出改进措施。客户投诉处理实训评分表，如表1-4-9所示。

表 1-4-9 客户投诉处理实训评分表

课程名称	新能源汽车售后服务管理		训练任务	客户投诉处理	姓名		
序号	评价标准				分值	得分	减分说明
1	电话铃响三声内接听				3		
2	问候,并说出公司名称				2		
3	说出自己的岗位和姓名				2		
4	询问客户来电目的				5		
5	建立投诉档案				10		
6	了解客户关心的问题和抱怨				10		
7	核实投诉事实,并找出原因				10		
8	与客户协商拟出处理方案				20		
9	实施解决方案并解释结果				10		
10	根据客户的投诉作出合理的处理方案(合理性)				8		
11	耐心倾听客户的需求				5		
12	询问并记录客户的信息				5		
13	交谈时注意音量、清晰度、有礼貌、语速和停顿				5		
14	总结归纳交谈信息				5		
	合计				100		

4. 评价反馈

请根据自己在本次任务中的实际表现进行评价。客户投诉处理工作自评表如表 1-4-10 所示。

表 1-4-10 客户投诉处理工作自评表

序号	评价标准	分值	得分	减分说明
1	能积极参与活动,完成自己的任务	5		
2	能够明确工作任务,理解任务在企业工作中的重要程度	5		
3	能介绍客户投诉处理的工作流程及行动要点	10		
4	根据客户的投诉作出合理的处理方案(合理性)	10		
5	能规范填写客户投诉处理备忘录	10		
6	能耐心倾听客户关心的问题和抱怨、核实投诉事实并找出原因、根据客户的投诉作出合理的处理方案、与客户协商拟出处理方案,完成一系列的客户投诉处理任务	50		
7	能按照汽车服务企业"9S"要求管理工作现场	10		
	合计	100		
学习总结				

【学习反馈】

测一测，独立完成下面知识点，巩固提升理论基础。

一、多项选择题

1. 客户投诉可以分为（   ）情况。
   A. 产品质量　　　　　　　　　　B. 维修服务质量
   C. 服务态度　　　　　　　　　　D. 来自客户自身的原因

2. 客户投诉的处理有（   ）原则。
   A. 专人负责　　　　　　　　　　B. 不与客户争辩
   C. 换位思考　　　　　　　　　　D. 耐心倾听

3. 如果客户投诉，如何稳住客户的情绪（   ）。
   A. 请到单独的房间交谈　　　　　B. 对客户表示歉意，并安抚客户
   C. 请客户就坐并为客户倒茶　　　D. 与客户争辩事情的对错

4. 处理投诉时与客户交谈的技巧有（   ）。
   A. 认真倾听，并表示关怀，让客户感觉你确实想为他解决问题
   B. 确认投诉的最主要内容
   C. 善用提问发掘客户的不满
   D. 必要时还要认同客户的情感，对其投诉表示理解

二、判断题（正确打"√"，错误打"×"）

1. 客户投诉都是专营店的原因造成的。（   ）
2. 根据客户投诉事件，合理做出补偿，需要善于利用企业自身资源作为补偿项目。（   ）
3. 客户投诉时，心里有不良的情绪，此时若与客户争辩，会让事情变得更加复杂，使客户更加情绪化。（   ）
4. 耐心倾听客户的投诉，不能打断客户的说话，既要听事情，也需要听情感，识别客户投诉的需求，并将事情与情感需求记录下来。（   ）
5. 所有投诉处理都不应该着急分出责任与对错，而是应该首先道歉。（   ）
6. 与客户交谈时要眼神交流，认证倾听并记录客户的诉求。（   ）
7. 在处理投诉交谈过程中，善于用"我"来代替"你"，如我有点儿糊涂了，而不是你把我搞糊涂了。（   ）
8. 客户投诉都是想得到经济赔偿。（   ）
9. 当有客户投诉时，必须有专人负责，及时处理并随时汇报进度。（   ）
10. 在处理投诉交谈过程中，如果不是经销商的错，可以说"这不是我的事"。（   ）

三、综合运用题（分析案例中客户投诉的原因、解决问题的建议）

张先生来4S店做保养，发现做保养的价格比外面的维修厂贵，张先生提出保养检查一下系统，费用为何这样高呢，而且在预约做保养时汽车售后服务顾问也没有提到收费问题。

原因分析：

解决方案和建议：

学习情境二　故障车辆接待与管理

任务1　维修车辆接待

【任务导入】

车主郑秀购买吉利2019款吉利帝豪EV450纯电动汽车2年，行驶里程53 000公里左右，一天她开车去上班，打算开车窗透透气，发现车窗降不下来了，于是开车到吉利白云店准备修理一下车窗问题。如果你是汽车售后服务顾问，应该怎么接待郑女士呢？

【任务分析】

1. 能应用故障问诊技巧进行问诊；
2. 能规范填写汽车接车问诊单，制作汽车委托维修估价单；
3. 能说出车辆常见故障及处理方法；
4. 能按照服务工作流程要求对故障车辆进行接待与管理。

【任务实施】

1. 任务方案制订

任务准备：

（1）根据工作流程，结合案例中客户的实际情况，完成小组成员的任务分工（见表2-1-1）。

表2-1-1

角色	姓名	角色	姓名
汽车售后服务顾问		维修技师	
客户			

（2）根据维修车辆接待流程，结合案例中客户的实际情况，完成话术编写（见表2-1-2）。

表2-1-2

工作流程	行动要点与话术
主动迎接	

续表

工作流程	行动要点与话术
获取客户需求及信息	
问诊	
环车检查	
引导客户至休息室休息	
安排车辆检查	
告知客户检查结果	
确定维修项目	
打印委托维修估价单	

2. 计划实施

（1）列出维修车辆接待工作所需要的工具，包括各种设施、设备、工作单据等，并准备好这些工具实物。

_____

_____

（2）执行维修车辆接待工作。
（3）完成接车问诊单的填写（见表2-1-3）。
（4）完成委托维修估价单的填写（见表2-1-4）。

表 2-1-3　接车问诊单

来店时间		客户		联系电话		行驶里程	km
车牌号码		车辆型号		VIN码		备注	

功能确认：（正常打"√"，不正常打"×"） □音响系统　　　　□雨刮 □中央门锁（防盗器）　□后视镜 □天窗　　　　　　　□四门玻璃升降	外观确认：H 划痕　P 破裂　D 丢失　F 腐蚀（掉漆）
物品确认：（有打"√"，无打"×"） （电量图示 100% 80% 60% 40% 20% 0%） □贵重物品已提醒用户带离车辆 □随车工具　□千斤顶 □备胎　　　□灭火器	（如有损伤，在相应部位做标记）

故障问诊·诊断报告

发生频度	□经常　□只有一次　□有时　□每（　　）日一次　□每（　　）月一次　□其他
工作状态	□冷机时　□热机时　□起动时　□挡位（　　）□空调（开/关）□其他
道路状态	□一般道路　□高速道路　□水泥路面　□沥青路面　□砂石路面　□其他
行驶状态	□速度（　~　）□急加速时　□缓加速时　□急减速时　□缓减速时　□其他

故障现象描述	故障原因分析	故障处理方法

服务顾问提醒	本店已提醒用户将车内贵重物品带离车辆并妥善保管，如有丢失恕与本店无关。	
用户确认		服务顾问

表 2-1-4 委托维修估价单

_____专营店　　地址：_____　　电话：_____

客户信息				车辆信息	
姓名：				车牌号：	VIN 码：
地址：				车型：	
电话：	颜色：	行驶里程：		购车日期：	
报修时间：				承诺交车时间：	
故障现象描述				处理方法	

序号	维修内容	工时	工时单价	工时费	付费类别	开票价	备注
1							
2							
3							
4							
5							
6							
7							
8							

序号	零件名称	零件号	数量	单价	零件费	付费类别	开票价	备注
1								
2								
3								
4								
5								
6								
7								
8								
9								
10								
11								

维修费用预估	总计		如果您同意本委托维修估价单的预估费用，请签字确认！本费用为预估费用，实际费用以《车辆维修结算单》为准。	客户签字：	服务代表签字：
	工时费				
	零件费				
	其他费用				

一式两联：客户（代提车联，提车时收回）、客户服务代表各一联。

3. 质量检查

请指导老师或实训小组根据维修车辆接待实训评分表评价实训过程,并针对实训过程出现的问题提出改进措施,维修车辆接待实训评分表如表2-1-5所示。

表2-1-5 维修车辆接待实训评分表

课程名称	新能源汽车售后服务管理	训练任务	维修车辆接待	姓名		
序号	评价标准			分值	得分	减分说明
1	主动迎接(问候、自我介绍、递送名片)			5		
2	获取客户需求及信息(询问需求、登记客户及车辆信息)			5		
3	问诊(5W2H、核实故障现象、填写接车问诊单)			15		
4	环车检查(参考保养客户接待)			10		
5	引导至休息室休息(指引休息、说明去向)			5		
6	安排车辆检查(交车给车间主管、告知故障信息)			5		
7	告知客户检查结果(说明故障结果、故障原因、处理办法)			15		
8	确定维修项目(确认维修项目、工时费、零件费、时间)			5		
9	打印委托维修估价单(根据维修项目制作单据)			5		
10	交谈时保持微笑,礼貌			10		
11	交谈时注意音量、清晰度、语速和停顿			10		
12	沟通技巧			10		
	合计			100		

4. 评价反馈

请根据自己在本次任务中的实际表现进行评价,维修车辆接待工作自评表如表2-1-6所示。

表2-1-6 维修车辆接待工作自评表

序号	评价标准	分值	得分	减分说明
1	能积极参与活动,完成自己的任务	10		
2	能够明确工作任务,理解任务在企业工作中的重要程度	10		
3	能说出维修车辆接待工作流程和操作要点	30		
4	能说出车辆常见故障及处理方法	20		
5	独立执行维修车辆接待工作任务	20		
6	能按照汽车服务企业"9S"要求管理工作现场	10		
	合计	100		
学习总结				

【学习反馈】

测一测，独立完成下面知识点，巩固提升理论基础。

一、多项选择题

1. 问诊技巧中，提问方式包括哪些？（　　　）
   A. 开放式提问　　　　B. 封闭式提问　　　C. 咄咄逼人式提问

2. 要培养倾听的习惯，需要做到以下哪些？（　　　）
   A. 努力培养倾听的兴趣　　　　　　　B. 注视对方的眼睛
   C. 及时用动作和表情给予回应　　　　D. 学会复述
   E. 适时适度地提问　　　　　　　　　F. 遇到与自己不同意见时打断客户讲话

3. 出现转向沉重故障的可能原因有哪些？（　　　）
   A. 轮胎气压不够　　　　　　　　　　B. 助力转向液不够
   C. 前轮定位不准　　　　　　　　　　D. 转向机或转向球节磨损严重

4. 高速时方向盘发抖故障的可能原因有哪些？（　　　）
   A. 轮胎在拆装后未进行动平衡检测　　B. 轮胎受过撞击变形
   C. 轮毂上的平衡块脱落　　　　　　　D. 车轮上沾有泥块

5. 行驶时跑偏故障的可能原因有哪些？（　　　）
   A. 左右轮胎气压不一致　　　　　　　B. 前轮定位不准
   C. 轮胎磨损严重

6. 底盘异响故障的可能原因有哪些？（　　　）
   A. 车辆转向系故障　　　　　　　　　B. 传动系故障
   C. 制动系故障　　　　　　　　　　　D. 减震机构故障

7. 汽车空调制冷效果不好的原因可能有哪些？（　　　）
   A. 电动压缩机不工作　　　　　　　　B. 制冷剂泄漏
   C. 冷凝器故障　　　　　　　　　　　D. 膨胀阀故障
   E. 温度传感器损坏

8. 安排车辆检查时需要注意哪些行动要点？（　　　）
   A. 直接将车钥匙、接车问诊单交给车间主管，无须与技师沟通故障情况
   B. 依据接车问诊单的情况，详细告知车辆故障信息
   C. 了解检查故障所需的大致时间，便于与客户沟通

9. 告知客户检查结果的行动要点有哪些？（　　　）
   A. 说明维修技师的诊断过程、诊断工具　　B. 说明故障结果，故障是什么问题
   C. 说明故障原因　　　　　　　　　　　　D. 处理办法
   E. 征询客户的意见

二、连线题（用直线连接对应的问诊技巧）

Who　　　　　　　　　　　　　在哪里行驶会出现故障现象

Where　　　　　　　　　　　　哪个系统发生了什么故障

What　　　　　　　　　　　　同车人是否也感受到故障

When　　　　　　　　　　　　故障何时开始发生

Why　　　　　　　　　　　　　程度如何

How much　　　　　　　　　　故障发生的频率

How　　　　　　　　　　　　　故障发生原因

三、判断题（正确打"√"，错误打"×"）

1. 对于间歇性故障的提问，要尽量先用封闭式问题询问故障发生时的详细情况。（　　）
2. 开放性的问题会使客户花很多时间表述很多与车辆故障完全无关的细节信息。（　　）
3. 在维修技师确诊故障前，汽车售后服务顾问无须向客户说明可能出现该故障的原因。（　　）
4. 维修车辆接待无须环车检查。（　　）
5. 维修车辆接待时，无须详细问太多，因为维修技师可以检查出故障问题。（　　）
6. 故障问诊时无须与客户核实故障现象，确认故障现象。（　　）
7. 引导客户至休息室休息时，应说明自己的去向。（　　）
8. 确定维修项目时需要确认维修项目、工时费、零件费、时间。（　　）

任务2　保修车辆接待

【任务导入】

黄先生购买2019款吉利帝豪EV450纯电动汽车,行驶了2年4万公里,该车动力电池续航里程只有200多公里,低于厂家承诺的标准,黄先生开车回4S店修理,咨询能不能保修,如果你是汽车售后服务顾问,应该怎么接待黄先生呢?

【任务分析】

1. 能归纳车辆保修的分类;
2. 能根据保修政策,正确判断故障是否属于保修范围;
3. 能说出车辆保修工作流程和操作要点;
4. 独立执行车辆保修工作任务。

【任务实施】

1. 任务方案制订

任务准备:

(1) 根据工作流程,结合案例中客户的实际情况,完成小组成员的任务分工(见表2-2-1)。

表 2-2-1

角色	姓名	角色	姓名
汽车售后服务顾问		维修技师	
客户			

(2) 根据保修车辆接待流程,结合案例中客户的实际情况,完成话术编写(见表2-2-2)。

表 2-2-2

工作流程	行动要点与话术
客户接待	
检查车辆	

工作流程	行动要点与话术
车辆保修鉴别	
填写鉴定单	
车辆维修	
管理旧件	
保养手册登记	
追索担保保修费用	

2. 计划实施

（1）列出保修车辆接待所需要的工具，包括各种设施、设备、工作单据等，并准备好这些工具实物。

（2）执行保修车辆接待工作。

3. 质量检查

请指导老师或实训小组根据保修车辆接待实训评分表评价实训过程,并针对实训过程出现的问题提出改进措施,保修车辆接待实训评分表如表 2-2-3 所示。

表 2-2-3 保修车辆接待实训评分表

课程名称	新能源汽车售后服务管理	训练任务	保修车辆接待工作	姓名		
序号	评价标准			分值	得分	减分说明
1	问候、自我介绍			10		
2	倾听客户诉说,适当安抚客户情绪			10		
3	记录客户信息			10		
4	填写接车问诊单,记录故障现象			10		
5	与客户共同确定故障现象、确定维修项目,必要时请维修技师共同确认			5		
6	与客户共同检查车内、外观情况并与客户确认(参考职业情景——保养车辆的接待与管理)			10		
7	车辆保修鉴别(若不在保修范围需解释原因)			10		
8	交谈时要站在客户的角度思考,让客户理解追加工作			10		
9	交谈时保持微笑,礼貌			5		
10	交谈时注意音量、清晰度、语速和停顿			10		
11	沟通技巧			10		
	合计			100		

4. 评价反馈

请根据自己在本次任务中的实际表现进行评价,如表 2-2-4 所示。

表 2-2-4 质量保修接待工作自评表

序号	评价标准	分值	得分	减分说明
1	能积极参与活动,完成自己的任务	10		
2	能够明确工作任务,理解任务在企业工作中的重要程度	10		
3	能说出车辆保修工作流程和操作要点	25		
4	能根据保修政策,正确判断故障是否属于保修范围	25		
5	独立执行车辆保修工作任务	20		
6	能按照汽车服务企业"9S"要求管理工作现场	10		
	合计	100		
学习总结				

【学习反馈】

测一测，独立完成下面知识点，巩固提升理论基础。

一、多项选择题

1. 汽车三包是指经营者因汽车产品质量问题，向消费者提供免费（　　）服务。
   A. 包修　　　　　　B. 包换　　　　　　C. 包退　　　　　　D. 包保养

2. 以下哪些家用汽车零配件保修期为3年或者60 000公里？（　　）
   A. 玻璃　　　　　　B. 雨刮电机　　　　C. 玻璃升降器　　　D. 雨刮片

3. 以下哪些家用汽车零配件保修期为3个月或5 000公里？（　　）
   A. 轮胎　　　　　　B. 灯泡　　　　　　C. 减震器　　　　　D. 雨刮片

4. 在家用汽车产品保修期和三包有效期内，经销商不承担三包责任（　　）。
   A. 家用汽车产品已被书面告知存在瑕疵的
   B. 家用汽车产品用于出租或者其他营运目的的
   C. 自行改装、调整、拆卸而造成损坏的
   D. 发生产品质量问题，消费者自行处置不当而造成损坏的

5. 以下哪些工作是保修车辆接待的工作流程？（　　）
   A. 检查车辆　　　　B. 车辆保修鉴别　　C. 填写鉴定单　　　D. 管理旧件
   E. 追索担保保修费用

二、判断题（正确打"√"，错误打"×"）

1. 汽车质量保修是指在有效期内，汽车出现任何故障，经销商都提供免费维修或更换零部件等服务。（　　）

2. 三包有效期2年或50 000公里。（　　）

3. 家用汽车动力电池保修期是8年或150 000公里。（　　）

4. 对于用户自费或公司免费更换的纯正零件易损易耗件，其质量保修期为自该零部件更换之日起6个月或10 000公里。（　　）

5. 对于用户自费或公司免费更换的纯正零件（易损易耗件除外），其质量保修期为自该零部件更换之日起2年或20 000公里，时间数和里程数二者以先到为准。（　　）

6. 因产品质量问题修理时间累计超过35日的，用户可凭三包凭证、购车发票等至吉利汽车经销商处办理换车。（　　）

7. 因同一产品质量问题累计修理超过5次的用户，可凭三包凭证购车发票等至吉利汽车经销商办理换车。（　　）

8. 在整车三包有效期内，因严重安全性能故障累计进行了2次维修，严重安全性能故障仍未排除或者又出现新的严重安全性能故障的可申请换车。（　　）

9. 汽车售后服务顾问可以鉴别所有的故障是否属于保修范围。（　　）

三、综合运用题

以下两位客户的车辆有故障,来到4S店维修,咨询是否能保修,你是汽车售后服务顾问,应该如何为客户解释保修政策?

情景一:张丽的爱车保修期限刚过两天,车辆出现故障,要求保修。

情景二:曾翔的爱车改装了一套轮毂,引起方向盘抖动,因为还在保修范围,要求保修。

学习情境三 事故车辆接待与管理

任务1 简易事故车辆接待

【任务导入】

2021年8月2日,一辆2018款吉利帝豪EV450纯电动汽车,购买了交强险、车损险、第三者责任险和附加车身划痕损失险。在外出时,被郊区路边比较硬的树枝把右后门划伤了(只有油漆损伤)。作为汽车售后服务顾问(保险专员)的你应如何处理?

【任务分析】

1. 能介绍汽车各险种的保险责任;
2. 能掌握单方事故车辆维修接待的流程;
3. 能掌握单方事故车辆索赔的程序。

【任务实施】

1. 任务方案制订

任务准备:

(1)根据简易事故车辆接待流程,结合案例中客户的实际情况,完成小组成员的任务分工(见表3-1-1)。

表3-1-1

角色	姓名	角色	姓名
汽车售后服务顾问			
客户			

(2)根据简易事故车辆接待流程,结合案例中客户的实际情况,完成话术编写(见表3-1-2)。

表3-1-2

工作流程	行动要点与话术
接听电话	

续表

工作流程	行动要点与话术
记录信息	
判断案件类型	
预约维修时间	
到店提醒	
接待客户	
收集索赔资料	
协助定损	
通知处理结果	
索赔结案	

2. 计划实施

（1）列出简易事故车辆接待所需要的工具，包括各种设施、设备、工作单据等，并准备好这些工具实物。

_____

_____

（2）根据角色安排，参考事故车辆接待流程和话术，完成情景演练。

（3）完成直赔协议书/实物赔付确认书（见表3-1-3）。

表 3-1-3　直赔协议书/实物赔付确认书
实物赔付确认书

尊敬的××车险客户，您好！

感谢您对××保险股份有限公司的信任与支持！

您在我司投保的车牌号为_____的车辆，于____年__月__日__时发生保险事故，车辆驾驶人_____，报案号为_____，造成车牌号为_____的车辆损失。为进一步提升车险理赔服务质量，×××保险公司推出实物赔付服务，由我司向修理厂购买修理服务并根据合同约定支付修理费。

为了保障您的合法权益，与您约定如下：

一、标的车车牌号：_____同意前往_____（修理厂名称）进行维修；

二、三者车车牌号：_____同意前往_____（修理厂名称）进行维修。

被保险人或其授权人：_____

三者车主或其授权人：_____

被保险人或其授权人证件号码：_____

年　月　日

3. 质量检查

请指导老师或实训小组根据简易事故车辆接待实训评分表评价实训过程，并针对实训过程出现的问题提出改进措施。见表3-1-4。

表 3-1-4 简易事故车辆接待实训评分表

课程名称	新能源汽车售后服务管理	训练任务	简易事故车辆接待	姓名		
序号	评价标准			分值	得分	减分说明
1	接听事故车辆咨询电话			10		
2	询问客户信息和出险信息			10		
3	判断案件类型,指导客户处理,引导客户报案(解说处理流程和注意事项)			10		
4	预约维修时间			10		
5	提醒客户事故车辆索赔需要携带的资料			10		
6	接待客户,环车检查			10		
7	收集事故车辆索赔资料			10		
8	联系保险公司定损			5		
9	通知客户定损金额及取车时间			5		
10	交谈时保持微笑,礼貌			10		
11	交谈时注意音量、清晰度、语速和停顿			10		
	合计			100		

4. 评价反馈

请根据自己在本次任务中的实际表现进行评价。见表 3-1-5。

表 3-1-5 简易事故车辆接待接待自评表

序号	评价标准	分值	得分	备注
1	能积极参与活动,完成自己的任务	10		
2	能够明确工作任务,理解任务在企业工作中的重要程度	10		
3	能介绍简易事故车辆接待的工作流程及行动要点	10		
4	能接听事故车辆咨询电话,询问客户信息和出险信息,判断案件类型指导客户处理,引导客户报案,确认客户需求,提醒客户事故车辆索赔需要携带的资料,完成事故车辆电话接待工作任务	25		
5	能接待客户,环车检查,收集事故车辆索赔资料,联系保险公司定损,通知客户定损金额及取车时间等事故车辆接待工作	25		
6	提交事故车辆索赔资料工作任务	10		
7	能按照汽车服务企业"9S"要求管理工作现场	10		
	合计	100		
学习总结				

【学习反馈】

测一测，独立完成下面知识点，巩固提升理论基础。

一、单项选择题

1. 下面的险种中，具有强制性的是哪一个？（　　　）

   A. 车上人员责任保险　　　　　　　B. 机动车第三者责任保险

   C. 车辆损失保险　　　　　　　　　D. 交强险

2. 因意外事故造成车上驾驶人或乘员的人身伤残、医疗费用的经济赔偿责任，是哪个险种的保险责任？（　　　）

   A. 车上人员责任保险　　　　　　　B. 机动车第三者责任保险

   C. 车辆损失保险　　　　　　　　　D. 交强险

3. 因自然灾害、意外事故造成被保险机动车直接损失，是哪个险种的保险责任？（　　　）

   A. 车上人员责任保险　　　　　　　B. 机动车第三者责任保险

   C. 车辆损失保险　　　　　　　　　D. 交强险

4. 因意外事故造成第三者遭受人身伤亡或财产直接损毁所负的经济赔偿责任，超出交强险部分，由哪个险种负责赔付？（　　　）

   A. 车上人员责任保险　　　　　　　B. 机动车第三者责任保险

   C. 车辆损失保险　　　　　　　　　D. 交强险

5. 被盗窃、抢劫、抢夺发生的全车损失，或者造成的直接损失，是哪个险种的保险责任？（　　　）

   A. 车上人员责任保险　　　　　　　B. 机动车第三者责任保险

   C. 车辆损失保险　　　　　　　　　D. 交强险

二、多项选择题

1. 目前各大保险公司提供的报案方式有（　　　）。

   A. 电话报案　　　B. 微信小程序报案　　　C. 车主专用APP报案　　　D. 上门报案

2. 一般案件都携带的索赔资料包括（　　　）。

   A. 行驶证　　　B. 驾驶证　　　C. 被保险人的身份证　　　D. 保单原件

三、判断题（正确打"√"，错误打"×"）

1. 车辆发生交通事故，必要的、合理的施救费用，所有险种都不负责赔付。（　　　）

2. 当发生事故时，仅有车轮单独的直接损失，是由车辆损失保险负责赔付。（　　　）

3. 发生无明显碰撞痕迹的车身划痕损失时，附加车身划痕损失险才能获得赔偿。（　　　）

4. 一般事故发生时要8小时内通知保险公司，不及时通知保险公司，造成的损失无法确定或扩大部分，会影响理赔。（　　　）

任务 2　双方事故车辆接待

【任务导入】

2021年9月2日,一辆吉利帝豪EV450纯电动汽车,购买了交强险、车损险、第三者责任险,在外出时,未与前车保持安全距离,发生碰撞,损失轻微,无人受伤,标的车全责。作为汽车售后服务顾问(保险专员)的你如何引导客户处理此事故?

【任务分析】

1. 能根据不同的交通事故,选择合适的事故处理方案;
2. 能规范指导车主填写相关索赔资料;
3. 能根据不同的事故收集和整理索赔资料,提高索赔效率和客户满意度。

【任务实施】

1. 任务方案制订

任务准备:

(1)根据事故车辆接待流程,结合案例中客户的实际情况,完成小组成员的任务分工(见表3-2-1)。

表 3-2-1

角色	姓名	角色	姓名
汽车售后服务顾问			
客户			

(2)根据事故车辆接待流程,结合案例中客户的实际情况,完成话术编写(见表3-2-2)。

表 3-2-2

工作流程	行动要点与话术
接听电话	
记录信息	
判断案件类型	
预约维修时间	
到店提醒	

续表

工作流程	行动要点与话术
接待客户	
收集索赔资料	
协助定损	
通知处理结果	
索赔结案	

2. 计划实施

（1）列出双方事故车辆接待所需要的工具，包括各种设施、设备、工作单据等，并准备好这些工具实物。

_____

_____

（2）根据角色安排，参考双方事故车辆接待流程和话术，完成情景演练。

（3）完成直赔协议书／实物赔付确认书，见表3-2-3。

表3-2-3　直赔协议书／实物赔付确认书

实物赔付确认书

尊敬的××车险客户，您好！

感谢您对××保险股份有限公司的信任与支持！

　　您在我司投保的车牌号为_____的车辆，于____年__月__日__时发生保险事故，车辆驾驶人_____，报案号为_____，造成车牌号为_____的车辆损失。为进一步提升车险理赔服务质量，×××保险公司推出实物赔付服务，由我司向修理厂购买修理服务并根据合同约定支付修理费。

　　为了保障您的合法权益，与您约定如下：

一、标的车车牌号：_____同意前往_____（修理厂名称）进行维修；

二、三者车车牌号：_____同意前往_____（修理厂名称）进行维修。

被保险人或其授权人：_____

三者车主或其授权人：_____

被保险人或其授权人证件号码：_____

年　　月　　日

3. 质量检查

请指导老师或实训小组根据双方事故车辆接待实训评分表评价实训过程，并针对实训过程出现的问题提出改进措施。见表 3-2-4。

表 3-2-4 双方事故车辆接待实训评分表

课程名称	新能源汽车售后服务管理		训练任务	双方事故车辆接待	姓名		
序号	评价标准				分值	得分	减分说明
1	接听事故车辆咨询电话				10		
2	询问客户信息和出险信息				10		
3	判断案件类型，指导客户处理，引导客户报案				10		
4	预约维修时间				10		
5	提醒客户事故车辆索赔需要携带的资料				10		
6	接待客户，环车检查				10		
7	收集事故车辆索赔资料				10		
8	联系保险公司定损				5		
9	通知客户定损金额及取车时间				5		
10	交谈时保持微笑，礼貌				10		
11	交谈时注意音量、清晰度、语速和停顿				10		
	合计				100		

4. 评价反馈

请根据自己在本次任务中的实际表现进行评价，见表 3-2-5。

表 3-2-5 双方事故车辆接待自评表

序号	评价标准	分值	得分	备注
1	能积极参与活动，完成自己的任务	10		
2	能够明确工作任务，理解任务在企业工作中的重要程度	10		
3	能介绍双方事故车辆接待的工作流程及行动要点	10		
4	能接听事故车辆咨询电话，询问客户信息和出险信息，判断案件类型，指导客户处理，引导客户报案，确认客户需求，提醒客户事故车辆索赔需要携带的资料，完成事故车辆电话接待工作任务	25		
5	能接待客户，环车检查，收集事故车辆索赔资料，联系保险公司定损，通知客户定损金额及取车时间等事故车辆接待工作	25		
6	提交事故车辆索赔资料工作任务	10		
7	能按照汽车服务企业"9S"要求管理工作现场	10		
	合计	100		
学习总结				

【学习反馈】

测一测，独立完成下面知识点，巩固提升理论基础。

一、单项选择题

1. 标的车单车碰撞事故，属于（　　）的保险责任。
   A. 车上人员责任保险　　　　　　　B. 机动车第三者责任保险
   C. 车辆损失保险　　　　　　　　　D. 交强险

2. 玻璃单独破碎，属于（　　）的保险责任。
   A. 车上人员责任保险　　　　　　　B. 机动车第三者责任保险
   C. 车辆损失保险　　　　　　　　　D. 交强险

3. 全车被盗抢，属于（　　）的保险责任。
   A. 车上人员责任保险　　　　　　　B. 机动车第三者责任保险
   C. 车辆损失保险　　　　　　　　　D. 交强险

二、多项选择题

1. 标的车与三者车相碰撞，标的车有责的情况，无人受伤涉及（　　）
   A. 车上人员责任保险　　　　　　　B. 机动车第三者责任保险
   C. 车辆损失保险　　　　　　　　　D. 交强险

2. 标的车和物体相碰撞，物损超过2万元，涉及的险种包括（　　）
   A. 车上人员责任保险　　　　　　　B. 机动车第三者责任保险
   C. 车辆损失保险　　　　　　　　　D. 交强险

三、判断题（正确打"√"，错误打"×"）

1. 所有公司车辆理赔都需要提供法人代表的身份证。（　　）
2. 被保险人可以选择赔款直接支付到自己的银行卡，也可以签订直赔协议，由专营店和保险公司结算。（　　）
3. 只要是双方事故，就要报交警处理。（　　）
4. 如果车辆发生事故，应立即开启危险报警闪光灯。（　　）
5. 反光牌等警告标志建议摆放在来车方向50~100米处。（　　）
6. 在高速公路上的交通事故，反光牌等警告标志建议摆放在150米以外。（　　）
7. 发生事故后驾车或弃车逃离现场，第三者责任险不会赔付。（　　）
8. 车主在未经保险公司认定损失的情况下，向第三方支付的赔偿费用，保险公司不一定会按照这个金额赔付。（　　）